ESSAI
SUR
LES CONFESSIONS
DE J.-J. ROUSSEAU.

Ouvrages du même Auteur.

LIBRAIRIE A. FONTAINE,

35, PASSAGE DES PANORAMAS.

Lettres sur la Musique, un joli volume in-18, format anglais. . . . . 3 fr. »

Souvenirs et Impressions, ou LETTRES A LADY***, un volume in-18, format anglais. . . . . 3 fr. 50

PARIS. — TYPOGRAPHIE DE HENRI PLON,
IMPRIMEUR DE L'EMPEREUR,
8, rue Garancière.

ESSAI
SUR
LES CONFESSIONS
DE
J.-J. ROUSSEAU

PAR C. ESTIENNE.

PARIS
AUGUSTE FONTAINE, LIBRAIRE,
35, PASSAGE DES PANORAMAS.

1856

AVANT-PROPOS.

En écrivant sur Jean-Jacques Rousseau, j'ai entrepris, je le sais, une tâche difficile. Et cependant je me suis senti entraîné par je ne sais quel penchant vers un travail qui m'a semblé plein de charme, et qui a offert à mon imagination quelque chose de séduisant que je ne puis définir. Rousseau a exercé une grande influence sur son siècle, et les idées nouvelles répandues dans ses écrits ont contribué avec force au mouvement qui a bouleversé l'Europe il y a plus de soixante ans. Il s'en est suivi que son nom est devenu un objet de terreur et de réprobation pour les uns, et un signe de ralliement pour d'autres. Ainsi qu'il arrive dans toute querelle politique ou religieuse, l'esprit de parti a singulièrement exagéré la part d'action qui doit être attribuée à Rousseau dans la révolution française, et ce n'est pas sous ce point de vue, d'ailleurs, que je me suis résolu à parler de cet éloquent écrivain. Le titre de ce livre indique assez quel en est l'objet : j'ajouterai seulement que si j'ai rencontré dans le cours de ce travail l'occasion de dire quelques mots de divers écrits de Rousseau, c'est particulièrement des *Confessions* que j'ai voulu entretenir le lecteur. Puisse-t-il, en parcourant ces pages, y trouver quelques pensées qui soient en rapport avec les siennes, et qui l'engagent à ne pas fermer le livre avant que de l'avoir lu.

ESSAI
SUR
LES CONFESSIONS
DE
J.-J. ROUSSEAU.

CHAPITRE PREMIER.

CONSIDÉRATIONS GÉNÉRALES.

Bien des hommes célèbres ont écrit leurs Mémoires, mais rarement avec succès. Je ne veux point parler ici de ces écrits où il est surtout question d'événements historiques, ou de détails sur des affaires d'État ou sur l'existence intime des grands personnages d'une époque; mais seulement des ouvrages dans lesquels un écrivain ou tout autre a raconté sa propre vie. Un pareil livre ne contient pas en effet des éléments suffisants pour nous captiver; car, si l'on excepte de toute existence humaine quelques rares événements qui sortent des vulgarités ou des lieux communs, on retombe inévitablement dans des récits sans nouveauté et sans attraits.

Pourquoi donc les *Confessions* sont-elles restées un livre charmant et qu'on relit toujours? C'est ce que je vais essayer d'examiner. D'abord, il s'en faut de beaucoup que la vie de Rousseau soit une existence ordinaire; elle est remplie d'incidents et de situations qui présentent un intérêt soutenu. Ensuite, il existe un tel contraste entre l'homme et l'écrivain, il y a quelque chose de si singulier dans ce mélange de pauvreté et de bassesse, d'un côté, et, de l'autre, de grandeur et de génie, que toutes ces conditions exceptionnelles sont autant de motifs qui font des *Confessions* un livre qui nous attire sans cesse. Puis, lorsque l'on assiste à cette vie aventureuse, à ces premières années de la jeunesse de Rousseau, qu'on le voit abandonné et souvent sans ressources, et bénissant plus tard la Providence en pensant au dernier jour où il a manqué de pain, il est impossible de ne pas se laisser toucher au récit de toutes ces misères qui ont atteint l'homme de génie. Rousseau nous a fait d'ailleurs des confidences qu'il aurait pu taire, et ce n'est pas cet excès d'aveux qui donne un grand charme à son livre. Quant à sa véracité, je l'admets tout entière (1) ; je suis persuadé qu'il a été de bonne foi en écrivant ses *Confessions*, et cependant je crois que si un témoin irrécusable pouvait exposer toute sa vie, elle ne serait point semblable à celle qu'il nous a racontée. Où donc est la vérité, me dira-t-on? Je m'explique : évidemment les événements qu'il nous a fait connaître sont parfaitement réels ; seulement, lorsque Rousseau se rappelait le passé, il se complaisait dans ses souvenirs ; il y trouvait un charme indéfinissable, et, sans le vouloir peut-être, il embellissait ses récits de toute la richesse de son imagination; ensuite l'auteur de *Julie* a toujours aimé à plaire, il a constamment cherché à nous séduire par la magie de son style, et par l'élégance et le charme de ses narrations; c'était, si l'on veut, chez lui un sentiment plutôt instinctif que volontaire; soit : mais si la cause a pu différer, l'effet n'en est pas moins le même. Je crois donc à la sincérité de Rousseau, mais je pense que tout ce qu'il nous a raconté de sa vie a été singulièrement embelli et orné par une imagination vive et un style enchanteur. Ainsi les incidents divers de sa carrière, le contraste de la misère de l'homme et de la gloire de l'écrivain, la puissance de son imagination et le charme de l'expression me semblent les motifs qui donnent aux *Confessions* un attrait irrésistible.

Maintenant pourquoi Rousseau les a-t-il écrites? Il s'est cru souvent calomnié par ses ennemis; il s'est souvent persuadé qu'il existait contre sa réputation de sinistres complots, et il a écrit ses *Confessions* afin que la postérité le connût tel qu'il fut, et non tel qu'on l'a dépeint. Mais il a voulu aussi que l'on connût un homme dans toute la vérité de la nature, et que cet homme fût lui. Et si d'un côté il a prétendu repousser la calomnie qui le menaçait, de l'autre il a cherché à occuper la postérité de sa personne, de sa vie privée et intime; il a abandonné tout son être à ses semblables; et, en écrivant ses *Confessions*, il a formé et exécuté en effet un projet unique. Et, chose bizarre! ce livre est devenu le plus attrayant de ceux qu'il nous a laissés. On trouve que le *Contrat social* et l'*Émile* ont presque fait leur temps. On n'achève pas toujours la *Nouvelle Héloïse*, et l'on a bien tort, car la dernière lettre de Julie est la plus admirable de l'ouvrage; on parcourt à peine les *Discours* et la *Lettre à d'Alembert;* mais on lit et l'on relit les *Confessions* sans en passer une seule page. Effet merveilleux du génie qui a su donner aux choses les plus vulgaires un charme inexprimable, et qui, en se complaisant dans un travail qui devait être pour lui plein d'attraits, préparait aux générations futures une lecture plus séduisante que celle du plus délicieux roman. Et remarquez que les *Confessions* sont loin d'être sans défauts; dans les dernières parties surtout, l'on rencontre souvent ces passages où Rousseau parle de ses malheurs imaginaires avec une telle ténacité, que l'on est parfois tenté de fermer le livre : mais une narration charmante vient de nouveau retenir le lecteur, qui se sent entraîné jusqu'à la dernière page. Et puis, si l'on songe aux véritables ennuis qu'a dû éprouver le philosophe de Genève de ces changements successifs de résidence qui avaient rompu les habitudes d'un homme déjà sur le déclin des ans, l'on peut, sinon s'expliquer, du moins excuser quelquefois ces boutades d'un esprit chagriné par des contrariétés sans cesse renaissantes. Mais n'anticipons pas sur cette époque de la vie de Rousseau; voyons d'abord ce qu'il fut dans sa jeunesse, et parcourons ses Mémoires, qui sont en résumé un chef-d'œuvre d'éloquence familière.

CHAPITRE DEUXIÈME.

JEUNESSE DE ROUSSEAU.

Jean-Jacques Rousseau naquit à Genève en 1712. Un écrivain d'un mérite très-distingué a fait d'intéressantes recherches sur l'origine de sa famille, qui habitait Paris à une époque assez ancienne, et vint se fixer à Genève au commencement du seizième siècle (2). Son père, Isaac Rousseau, était horloger. Il épousa la fille du ministre Bernard, et cette union fut la suite d'un attachement vif et réciproque qui avait commencé dès l'âge le plus tendre. Jean-Jacques fut le second et le dernier de leurs enfants; sa mère mourut en lui donnant le jour, et cette cruelle perte jeta la désolation dans le cœur de son père. Rousseau exprime cette douleur de la façon la plus touchante : jamais son père ne l'embrassa, dit-il, qu'il ne sentît à ses soupirs, à ses convulsives étreintes, qu'un regret amer se mêlait à ses caresses qui n'en étaient que plus tendres. Il s'exprime en termes non moins pieux touchant une sœur de son père, qui prit soin de son enfance (3). Vers l'âge de cinq ou six ans, Rousseau lisait avec son père des romans qui venaient de sa mère, et ils passaient ainsi souvent des nuits entières à ces lectures, qui lui donnaient des émotions confuses, et remplissaient sa jeune imagination d'idées bizarres et romanesques, dont l'expérience et la réflexion, raconte-t-il, n'ont jamais bien pu le guérir (4). Bientôt d'autres livres plus sérieux succédèrent aux romans, et Plutarque devint sa lecture de prédilection. Avec quelle verve il parle de l'effet qu'il ressentait de cette lecture, et des entretiens qu'elle faisait naître entre son père et lui! on retrouve dans ce passage le grand style de l'auteur du *Contrat social*.

Le frère de Rousseau avait sept ans de plus que lui. Son éducation fut négligée; il tourna mal, s'enfuit de la maison paternelle et ne donna jamais signe de vie. Quant à Jean-Jacques, il ne cessait d'être entouré de caresses. Il passait le temps à lire ou à écrire avec son père, ou à la promenade, ou près de sa tante toujours pleine de tendresse pour lui. Elle chantait souvent en sa présence; il était tout heureux de l'entendre, et il attribue son goût pour la musique à ces premières impressions de son jeune âge. Il parle de ses chansons avec un charme indéfinissable, que nous rencontrerons souvent dans le cours de son livre. Malheureusement tout cela fut interrompu par un événement fatal : à la suite d'une querelle, son père quitta Genève et le laissa sous la tutelle de son beau-frère. Il y a quelque chose de pénible dans cet abandon, dont Rousseau ne se plaint pas d'ailleurs. Mis en pension chez le ministre de Bossey avec son cousin pour y apprendre la langue latine, il fut charmé de se trouver à la campagne, et il date de cette époque le goût vif qu'il a toujours conservé pour la vie des champs. Il se lia avec son jeune condisciple, qui était du même âge que lui, et ils devinrent bientôt inséparables. Cette situation dura deux années. C'est ici que Rousseau nous raconte les effets du châtiment enfantin qui lui fut plusieurs fois imposé, aveu bizarre et singulier que la délicatesse de la narration peut seule faire accepter. Il parle aussi d'une punition imméritée dont il fut l'objet, et qui excita si énergiquement dans son cœur révolté la haine de l'oppression et l'horreur de l'injustice, qu'il ne put dès lors entendre le récit d'une action inique sans être tenté, même au risque de la vie, d'aller délivrer la victime en frappant l'oppresseur. On remarque ensuite l'histoire de la plantation du noyer, qui eut lieu sur la terrasse de l'habitation du ministre : c'est là un de ces récits où sa manière délicieuse et familière de dire apparaît dans tout son charme, et de façon à nous toucher jusqu'à l'attendrissement. Mais les premières illusions du séjour de Bossey s'évanouirent, la campagne perdit une partie de ses attraits, et après un séjour de deux ans, comme j'ai dit, les deux adolescents revinrent à Genève chez l'oncle de Rousseau.

Jean-Jacques y passa deux ou trois ans, travaillant peu, à peu près abandonné à lui-même. Au moins il allait voir de temps à autre son père qui s'était retiré à Nyon, petite ville située au bord du lac dans un lieu charmant et à quelques lieues seulement de Genève (5) : ce rapprochement dilate le cœur. Rousseau eut là deux passions assez vives, l'une pour une jeune personne de vingt-deux ans, l'autre pour une enfant de son âge, et rien n'est plus délicatement écrit que la confidence de ces amours; l'on voit dans ce récit que le grand écrivain revient avec un charme infini vers ses vieux souvenirs. Rebuté chez un huissier, il fut mis en apprentissage chez un graveur, homme dur et brutal, et bientôt les sentiments honnêtes qui s'étaient développés dans l'âme de l'adolescent furent anéantis sous les violences de son nouveau maître. Rousseau devint vicieux; il nous raconte comment il s'y prenait pour dérober des fruits à son maître; il fut surpris, et la fin de son récit est dramatique et touchante. Cependant le goût de la lecture lui revint; il louait des livres, les dévorait en cachette, car on les lui défendait, et bientôt ce penchant devint de la passion, de la rage, une ardeur inextinguible. Il avait alors quinze ans, et l'on voit poindre cette imagination romanesque qui le plaçait déjà dans un monde de fictions; il se rappelait les situations de ses héros de romans, se les appropriait selon son goût, arrangeait tout cela dans sa tête, et y trouvait dès lors des jouissances vives que lui donnaient son âme ardente et son cœur de feu. C'est à cette époque qu'allant passer le dimanche hors de la ville, il manqua deux fois l'heure où les portes se fermaient; bien qu'il ait été accablé pour ce motif des plus indignes traitements, son imagination l'emporta de nouveau au milieu des champs, de l'espace, de l'air de liberté qu'on y respirait (cette campagne de Genève est si riante), et pour la troisième fois il se trouva en faute; il arrive hors d'haleine, il crie..., la retraite sonne..., il est trop tard. Instant fatal : il prend la résolution de ne plus rentrer à Genève, et ici va commencer la vie errante du pauvre voyageur. N'ayant pas connu sa mère, délaissé par son père, par son oncle, à la merci d'un rustre, il préfère la misère à l'esclavage.... Mais un jour cet être abandonné, qui n'aura d'autre soutien que la main protectrice d'une femme qui lui est à présent étrangère, fera retentir le monde de son nom; il deviendra l'écrivain le plus éloquent de son siècle; il épouvantera les rois sur les marches du trône; il fera connaître aux peuples les mots d'égalité et de liberté; il attaquera de sa plume d'airain des préjugés dont l'origine se perd dans la nuit des temps, et il posera des principes nouveaux, qui, accueillis avec enthousiasme par une jeune génération, renverseront de fond en comble la vieille société européenne. Mais je m'écarte sans y songer du cercle que je me suis tracé; je n'ai point voulu m'occuper de l'écrivain politique, et ma pensée m'entraîne malgré moi. Revenons donc à la jeunesse de Rousseau, et voyons quelles furent les suites de son départ.

CHAPITRE TROISIÈME.

JEUNESSE DE ROUSSEAU.
(*Suite.*)

On ne chercha pas à le retenir. Il vit une dernière fois son cousin Bernard qui lui fit quelques présents, mais ne combattit point sa résolution. Il erra plusieurs jours autour de la ville, s'arrêtant chez des paysans qu'il connaissait, puis il se rendit à Confignon, en Savoie, à deux lieues de Genève, et alla voir le curé de cette paroisse. M. de Pontverre, c'était son nom, au lieu de l'exhorter à retourner à Genève, voulut en faire un prosélyte, et s'y prit si bien, qu'il le décida à se rendre à Annecy chez une dame nouvellement convertie à la foi catholique, et à peu près avec l'idée d'abandonner lui-même la religion réformée. Rousseau était, ce me semble, assez disposé à entrer dans cette voie nouvelle, et l'amabilité de M. de Pontverre, la bonne réception qu'il en avait eue, lui parurent des arguments plus puissants en faveur du catholicisme que tous les plus beaux raisonnements philosophiques ou théologiques. Il est certain que le gouvernement sarde avait adopté pour faire des conversions des moyens beaucoup plus efficaces que la hache et le bûcher. Ils réussissaient mieux, et s'ils faisaient peu d'honneur au souverain, ils n'appelaient pas du moins sur lui l'opprobre, et l'exécration de la postérité.

Rousseau décrit son arrivée à Annecy et sa première entrevue avec madame de Warens avec une éloquence, pour ainsi dire, affectueuse, et qui subjugue. Du premier abord, il y eut entre ces deux êtres un vif sentiment de sympathie qui ne se démentit jamais. Madame de Warens avait vingt-huit ans, Rousseau seize; il se trouva à l'aise près d'elle et l'on comprend qu'elle put se sentir attirer vers un jeune homme à l'organe doux et argentin, et qui, déjà, savait être aimable lorsqu'il n'éprouvait aucune contrainte. Tout indique que madame de Warens en fut charmée, et l'accueil qu'elle lui fit ne venait point assurément de la seule générosité de son cœur. Hélas! quand une femme est si aimable, ne peut-on lui pardonner bien des fautes, surtout à une distance de plus d'un siècle? Certes je suis loin de songer à l'excuser; mais elle a été blâmée si souvent, que je ne me sens pas le courage de la blâmer encore.

Voici maintenant Rousseau partant pour Turin, afin d'y recevoir dans un couvent les instructions nécessaires à sa situation de jeune prosélyte. Il quitte à regret sa protectrice, mais il est fier et heureux de voyager. Il lui paraissait beau, dit-il, de passer les monts à son âge, et de s'élever au-dessus de ses camarades de toute la hauteur des Alpes.

Son père était à sa recherche; il arriva à Annecy le lendemain de son départ et ne le suivit pas plus loin. Rousseau indique qu'il eût pu facilement l'atteindre, et attribue gratuitement sa tiédeur à un sentiment d'intérêt personnel. Il va jusqu'à donner pour maxime que l'on ne doit jamais se placer entre son devoir et son intérêt, et il ajoute que c'est là, selon lui, la bonne philosophie. Certes, il ne faut pas chercher à plaisir les occasions de s'exposer à faillir; mais ériger une pareille maxime en principe philosophique et absolu, c'est ce que je ne saurais admettre. Est-ce là l'idée instinctive de l'adolescent qui s'enflammait à la lecture de Plutarque, et qui s'indignait et sentait tout son sang bouillir au récit d'une iniquité? Non, c'est le raisonnement d'un homme qui a trop souvent manqué de caractère, et qui, quoique bon, a trop souvent commis par faiblesse d'indignes lâchetés. Je ne songe pas assurément à reprocher à Rousseau ses erreurs, tel n'est ni mon droit ni le but de cet écrit, mais je ne puis laisser passer cette page des *Confessions* sans dire ce que j'en pense : le lecteur appréciera si j'ai tort.

Revenons à notre voyageur ; ce passage des Alpes fut pour lui délicieux : que de douces rêveries pendant le trajet, comme cette imagination brillante et riche apparaît déjà au milieu de ces longues marches faites si gaiement pendant la plus belle saison de l'année ! Il arriva enfin à Turin où il fit un assez triste séjour dans l'hospice des Catéchumènes : il y resta deux mois, et fut fait ensuite catholique. Il lui arriva là une aventure qu'il eût pu se dispenser de léguer à la postérité ; mais le texte d'une œuvre est sacré, et c'est à tort que cette anecdote, toute repoussante qu'elle fût, a été supprimée dans quelques éditions des *Confessions*.

Sorti de l'hospice, Rousseau parcourut et visita Turin sans en rien omettre ; il prenait plaisir à écouter l'harmonie militaire ; il assistait à la messe du palais, dont la musique, qui était excellente, l'enchantait. Mais ses petites ressources s'épuisèrent : il fallut chercher du travail. Il frappa en vain à plusieurs portes, et il fut accueilli enfin par une jeune et jolie marchande qui lui donna quelques pièces à graver. Elle s'appelait madame Basile, et paraissait avoir vingt ans. Il la vit et l'aima. Que dire du récit de cette première passion? Madame de Warens avait inspiré à Rousseau de la sympathie et de la tendresse; mais madame Basile, toute jeune et charmante, mise toujours avec goût et presque avec coquetterie, lui laissant voir l'intérêt qu'il lui inspirait : il y avait là de quoi enflammer son cœur. Il est impossible d'imaginer rien de plus ravissant que le narré de ces premières amours; je ne l'ai jamais pu lire sans être en proie à une agitation presque fébrile : rien ne me semble plus délicieux que cet épisode touchant et passionné. Je crois que cet amour eut de l'influence sur le génie de Rousseau, qui décèle dans ses écrits romanesques l'ardeur italienne combinée avec le sentiment des natures du Nord. Il est aussi sentimental et aussi passionné que Goëthe et que Schiller, et il est plus ardent. Madame Basile a su être sage, et son charmant souvenir vivra aussi longtemps que le nom de

Rousseau, aussi longtemps qu'il y aura parmi les hommes des cœurs capables de sentir et d'aimer.

Quelque temps après, il entra au service de madame de Vercellis, en qualité de laquais, bien qu'il lui servît de secrétaire en écrivant sous sa dictée des lettres qui rappelaient parfois, dit-il, les grâces de celles de madame de Sévigné. Il assista à ses derniers moments et lui prodigua des soins assidus. C'est alors qu'il déroba un petit ruban rose et argent, et qu'ayant été découvert, il accusa ignominieusement une pauvre fille appelée Marion du vol qu'il avait commis. Ce ruban était sans valeur, mais l'action et le mensonge de Rousseau furent d'autant plus odieux qu'ils eurent pour résultat l'expulsion de la pauvre Marion. Il est à croire cependant que sa culpabilité ne parut pas complétement évidente, puisqu'il fut compris lui-même dans cette mesure de sévérité qui atteignait une fille innocente. C'est là une des faiblesses de l'illustre écrivain, une lâcheté qui certes ne vient point d'un caractère méchant, mais dont les suites furent impitoyablement les mêmes que s'il eût formé, en accusant Marion, le projet de la perdre. Rousseau fait grand bruit des remords qu'il en éprouva, et ajoute que ce motif entra pour beaucoup dans sa résolution d'écrire ses *Confessions*. Si ces remords furent si cuisants, je ne puis m'expliquer comment il put passer sa vie à les supporter sans en rien dire jamais à personne : en vérité, il y a là une contradiction qui me fait croire qu'il oublia durant bien des années l'action indigne dont il s'était rendu coupable, et qu'en la racontant il s'est singulièrement exagéré les remords qu'elle lui causa.

CHAPITRE QUATRIÈME.

JEUNESSE DE ROUSSEAU.

(*Suite.*)

Le livre troisième des *Confessions* commence par de singulières confidences qu'on ne saurait accueillir sans sourire, car il faut avouer qu'en tout cela le côté comique l'emporte sur le reste. Toutefois les velléités bizarres de Rousseau faillirent lui faire un mauvais parti, et il s'en guérit pour longtemps.

Maintenant arrive l'aimable abbé Gaime, dont les entretiens sont pleins d'une philosophie calme et douce, d'une morale sage et sensée. On aime ce jeune homme qui exprime de si justes sentiments, et qui fut l'un des deux types dont l'auteur d'*Émile* fit le Vicaire savoyard. Bientôt le comte de la Roque, neveu et héritier de madame de Vercellis, qui peut-être avait oublié l'histoire du ruban ou bien encore qui croyait Marion seule coupable, plaça Jean-Jacques chez le comte de Gouvon dans le même poste qu'il avait occupé chez sa tante. Rousseau fait là un joli récit à propos d'un coup d'œil de mademoiselle de Breil : les bontés du comte de Gouvon indiquent d'ailleurs que le vieux gentilhomme avait remarqué chez son jeune serviteur quelque chose qui n'était pas tout à fait d'un homme de sa condition. Il voulut le confier à son fils l'abbé de Gouvon, qui lui témoigna de l'affection et lui donna des leçons de latin ; en sorte qu'il paraît bien évident que l'intention de cette famille n'était pas de le laisser dans la situation où elle l'avait pris. Mais, ainsi qu'il l'exprime lui-même, il n'appartenait point aux hommes de lui assigner sa place parmi eux.

Sur ces entrefaites, il eut la visite de l'un de ses camarades d'apprentissage, Génevois comme lui, et d'un caractère heureux qui répandait la joie et la gaieté tout autour de lui. Ils se virent souvent, et bientôt Rousseau ne put plus y tenir. Cette liaison devint un engouement incroyable, presque de la folie : il savourait la société et la conversation de M. Bâcle (c'était le nom du nouvel arrivé), comme il avait dévoré, à Genève, les livres de la Tribu. Enfin la tête lui en tourna au point d'oublier tous ses devoirs, et son ami Bâcle devant retourner à Genève, il quitta, non pour revoir sa ville natale, mais pour le suivre, la famille de Gouvon, qui lui témoigna jusqu'au dernier moment de la bienveillance. Les voilà cheminant et fondant de grandes espérances sur les effets d'une fontaine de Hiéron dont on connaît l'histoire : leur voyage fut gai et agréable. Ils arrivèrent ainsi à Chambéry, puis à Annecy, où Rousseau voulant retourner chez madame de Warens, et embarrassé, pour ce motif, de la compagnie de M. Bâcle, lui témoigna quelque froideur ; et ce dernier, dans son insouciante gaieté, lui fit ses adieux et le quitta à l'entrée de la ville, sans songer à lui adresser le moindre reproche sur son inconstance.

Rousseau reçut de madame de Warens un accueil affectueux ; elle l'installa chez elle, et il se forma entre eux, dès lors, des sentiments qu'il exprime avec un charme dont lui seul est capable. Il était revenu à Annecy à peu près comme il en était parti, mais il connaissait un vice dangereux, surtout pour ceux qui sont doués d'une imagination vive. Les journées se passaient à toutes sortes d'occupations sans utilité ; cependant il avait trouvé dans sa chambre quelques livres, entre autres le *Spectateur* dont la lecture lui plut. Madame de Warens avait de la littérature, et Rousseau lisait avec elle La Bruyère et La Rochefoucauld. Elle songea à l'avenir de son jeune protégé, et, après bien des essais, il fut destiné à l'état ecclésiastique et placé au séminaire. Étrange chose que la destinée ! Il semble que tout se soit réuni pour tarir dans sa source le génie fécond de

Rousseau ; quelques cœurs sympathiques remarquaient bien chez lui une lueur qui échappait à tous ; mais ceux surtout qui eussent pu aider au développement de ses prodigieuses facultés, ne voyaient en lui qu'un être vulgaire et sans avenir, ce qu'il explique d'ailleurs par le constraste extraordinaire de ce qu'il était en apparence avec ce qu'il fut en réalité. Il eut pour maître, au séminaire, un affreux lazariste qui lui fit prendre l'étude en horreur, surtout lorsqu'il le comparait à l'abbé de Gouvon. Mais le supérieur s'en aperçut, et le confia à un jeune abbé appelé M. Gâtier, dont il parle en termes touchants. C'est en réunissant les deux personnages de l'abbé Gaime et de l'abbé Gâtier qu'il créa dans la suite le beau caractère du vicaire savoyard.

Malgré les soins de M. Gâtier, on ne trouva point chez Rousseau l'étoffe nécessaire pour en faire un prêtre ; et madame de Warens, ne voulant pas l'abandonner, le reprit nonobstant chez elle. Il avait étudié au séminaire un peu de musique, et y avait montré un goût prononcé pour cet art. Il fut donc question d'en faire un musicien, et il fut mis en pension chez le maître de chapelle d'Annecy, qui était Parisien, composait bien et s'appelait M. Le Maître. Rousseau parle délicieusement de cette vie de la maîtrise, des chants du chœur, des cérémonies de l'église embellies par le charme et l'harmonie des voix; et il fait ainsi vibrer dans notre cœur des souvenirs qui se trouvent, pour ainsi dire, en corrélation avec les siens. Rien n'est plus suave en effet que cette musique sacrée qui nous charme et nous élève vers Dieu. Qu'il me soit permis de me ressouvenir aussi d'une solennité toute pareille. Je me vois là encore dans la tribune de l'orgue au milieu des chants qui m'enveloppaient de leur harmonie toute-puissante; la foule silencieuse des fidèles remplissait l'église, et j'apercevais à l'autel les prêtres, les diacres et les enfants de chœur revêtus de leurs plus riches ornements : le digne curé avait voulu honorer l'œuvre du compositeur qui ne l'a point oublié.

Je reviens à la maîtrise d'Annecy. Rousseau s'était engoué de M. Bâcle, il en fut à peu près de même de M. Venture, musicien nomade qui tomba inopinément chez le bon Le Maître, où il fut bien accueilli. Mais bientôt un événement changea tout cet arrangement. A la suite d'un démêlé qu'il eut avec le chantre de la cathédrale, Le Maître voulut quitter sur-le-champ la maîtrise emportant avec lui toute sa musique, et laissant le clergé dans un grand embarras, car on touchait aux fêtes de Pâques. Madame de Warens, voyant sa résolution inébranlable, chargea Rousseau de l'accompagner au moins jusqu'à Lyon. Ils partirent, et, en passant à Seyssel, ils eurent l'idée d'aller se faire héberger chez le curé de cette paroisse en lui disant qu'ils se rendaient à Bellay, à la demande de l'évêque, pour y organiser les solennités musicales de la semaine sainte. Cette ruse eut un succès complet, et le curé les reçut du mieux qu'il put. Le procédé était sans doute peu délicat, mais l'histoire est racontée d'une façon si plaisante, que l'on ne saurait la lire sans se surprendre à sourire; et puis l'on peut bien pardonner cette petite vengeance au maître de chapelle qui avait supporté longtemps d'injustes dédains.

Ils se rendirent en effet à Bellay, où ils séjournèrent, et de là à Lyon, où M. Le Maître vit quelques personnes qu'il connaissait, entre autres un cordelier et un abbé qui lui firent bon accueil, mais le trahirent. Deux jours après, se trouvant dans la rue avec son jeune compagnon de voyage, il fut atteint d'une violente attaque d'épilepsie. Rousseau appela du secours, indiqua sa demeure à ceux qui accoururent, en demandant qu'on l'y portât; puis il abandonna son ami et disparut : action indigne, et qui restera une tache ineffaçable dans son existence. Pourquoi faut-il qu'un esprit si élevé, qu'un cœur si ardent et si sensible, qu'un aussi puissant génie dont l'éclat éblouit et entraîne, se soit laissé aller à commettre de telles bassesses ! Il semble qu'il fût né pour charmer ses semblables, et non pour vivre avec eux. Et cependant il eut des amis fidèles dont le dévouement ne se démentit jamais, quoique ses exigences à leur égard fussent plus grandes qu'on ne pourrait le supposer à la seule lecture des *Confessions*. Mais, en tout ce qui se rapporte à son génie, Rousseau ne saurait être jugé comme tout autre que lui.

CHAPITRE CINQUIÈME.

JEUNESSE DE ROUSSEAU.

(*Suite.*)

Le livre quatrième des *Confessions* est fortement rempli d'incidents de toutes sortes. La vie de Rousseau est devenue plus aventureuse que jamais. Après avoir abandonné Le Maître, à qui sa musique, sa seule ressource, fut enlevée pour surcroît de mauvaise fortune, il revint à Annecy, où il ne trouva pas madame de Warens, qui était à Paris, mais où il revit son ami Venture, auquel il s'attacha plus encore qu'avant son départ. Il avait alors vingt ans, et c'est pendant ce séjour qu'étant allé de grand matin par la campagne, au milieu de l'été, pour y voir le lever du soleil, il fit la rencontre de mademoiselle Galley et de mademoiselle de Graffenried. Que de charmes dans cette journée passée entre ces deux aimables personnes! Quel coloris frais! Que de délicieux détails dans le récit de ces amours éphémères, innocentes et pures! Ce sont là des pages qui eussent suffi pour rendre immortel celui qui les écrivit. Elles sont suivies de l'épisode original du juge-mage; puis, voilà Rousseau quittant Annecy pour accompagner à Fribourg une fille aux gages de madame Warens, qui, n'entendant point parler de sa maîtresse, voulut retourner chez ses parents qui habitaient cette ville. Il revit son père en passant à Nyon, et cette entrevue fut pleine de tendresse : le cœur se repose avec joie dans de pareils sentiments que l'on est tenté de trouver trop rares et de trop peu de durée entre le père et son fils. De Fribourg il vint à Lausanne, afin d'y savourer tout à son aise les beautés du lac, qui se développent, en effet, sur ce point-là, dans toute leur magnificence. Il existe au nord de Lausanne un monticule appelé *le Signal,* d'où l'on découvre le limpide Léman dans presque toute son étendue; de l'autre côté du lac et tout au bord s'élèvent les montagnes pittoresques de Meillerie, qui vont se perdre au loin vers l'embouchure du Rhône et vis-à-vis de la *Dent de Jaman :* il règne là dans toute l'atmosphère, pendant les beaux jours d'été, une douce tiédeur qui charme à la fois le cœur et les sens. Rousseau fit le voyage de Vevay, qui est à quatre lieues de Lausanne, à peu près dans la même situation, et ce fut le souvenir qu'il conserva de ces belles contrées qui les lui fit choisir plus tard pour y placer les héros de son roman. Mais au milieu de tout cela, il était sans ressources; et, afin de s'en créer, il s'imagina de faire le petit Venture, se disant musicien et compositeur, et remplaçant son nom par un autre plus sonore. Malheureusement M. Vaussore de Villeneuve n'avait pas les talents de son modèle, et bien qu'il payât d'une assurance incroyable en faisant exécuter une symphonie de sa composition, tandis qu'il ne connaissait pas même alors les éléments de cet art, le résultat n'en fut pas moins désastreux. Ce qui m'étonne est que, malgré son échec, il eut encore pour élèves plusieurs Teutches, ainsi qu'il les appelle; mais ce qui m'étonne moins est que celui qui le logeait, et qui cependant ne pouvait compter que sur le résultat futur de ses talents, n'en continua pas moins, après son fâcheux coup d'essai, à l'héberger comme de coutume. Ce brave homme a vécu sans se douter que son nom et sa bonne action lui feraient un jour autant d'honneur. Rousseau avait rencontré avant d'arriver à Lausanne un hôte aussi bienveillant, qui refusa son habit qu'il voulait lui donner en gage pour ce qu'il lui devait : les deux dettes furent d'ailleurs exactement acquittées.

Il quitta bientôt Lausanne pour se rendre à Neufchâtel, où il eut plus de succès, et où il fit la singulière rencontre de monseigneur l'archimandrite, auquel il servit d'interprète et de secrétaire. Ils allèrent ensemble à Fribourg, à Berne et à

Soleure, où M. de Bonac, ministre de France, et précédemment attaché à l'ambassade française à Constantinople, eut sans doute de puissants motifs d'exiger qu'ils se séparassent. Rousseau conta son histoire au ministre, qui fut touché de son récit (6), lui accorda sa protection et lui donna, pour se rendre à Paris, différentes lettres de recommandation et une somme de cent francs à laquelle il ajouta plus tard une nouvelle remise. Rousseau fit ce voyage à pied dans les meilleures dispositions du monde ; il s'agissait de le placer près d'un jeune officier qui allait faire campagne, mais les conditions qu'on lui offrit n'étaient point acceptables et l'affaire en resta là ; en sorte qu'après avoir cherché en vain à Paris madame de Warens, qui n'y était plus, il prit le parti de revenir en Savoie espérant l'y rejoindre. Il fit donc route vers Lyon, et, un jour, s'étant égaré au milieu d'un beau site, il reçut l'hospitalité d'un paysan qui cachait son vin et son pain de pur froment pour éviter les taxes d'un impôt inégal : il y a dans ce passage quelques lignes foudroyantes contre les abus et les priviléges d'autrefois. A Lyon, il vit mademoiselle du Châtelet, amie de madame de Warens, qui écrivit pour avoir de ses nouvelles et lui en donner, en sorte qu'il fut décidé qu'il les attendrait dans cette ville. Il y eut deux aventures à peu près analogues à celle de l'hospice de Turin, et qui font un contraste étrange avec le délicieux récit qui vient après. Je veux parler de cette nuit d'été passée sur un banc de pierre au bord de la Saône et à l'abri des beaux arbres d'une terrasse qui dominait le lieu qu'il avait choisi pour s'y reposer. Ce récit est court, toutefois c'est un des passages les plus ravissants des *Confessions*. Jean-Jacques n'a plus près de lui ses aimables compagnes d'Annecy; mais, livré à la solitude, son imagination se perd dans de délicieuses extases, et il s'endort en écoutant le murmure des eaux qui coulent à ses pieds et le chant des rossignols suspendus au-dessus de lui au milieu des touffes d'arbres qui l'environnent.

Son réveil fut tout aussi charmant, et c'est alors que, s'acheminant vers la ville en chantant, il rencontra un antonin qui, jugeant qu'il savait la musique, lui en donna à copier pendant plusieurs jours, ce dont il se trouva bien, car l'ordinaire était bon et arrivait fort à propos. Enfin il reçut des nouvelles de madame de Warens et de quoi subvenir aux dépenses de son voyage pour l'aller retrouver à Chambéry, où elle venait de s'établir; et c'est de cet instant que, rendant grâce aux bontés de la Providence, il date l'époque de sa vie où il cessa de sentir les angoisses de la faim.

Il partit : ce fut le dernier voyage qu'il fit à pied, c'est-à-dire selon son goût, et il y trouva d'autant plus de charme, que le but le transportait d'aise et de joie. Il fait une admirable description des environs de Chambéry, des montagnes et des torrents qu'il rencontrait sur sa route et d'une merveilleuse cascade située non loin de la ville. Puis il arriva; et, après bien des péripéties, après avoir supporté bien des misères, semblable à un frêle esquif qui longtemps battu par les vents contraires rentre heureusement au port, il revit son aimable protectrice.

CHAPITRE SIXIÈME.

JEUNESSE DE ROUSSEAU.

(*Suite.*)

Rousseau a pensé qu'il ne ressemblait en rien aux autres hommes. S'il a voulu parler de son génie ou de sa profonde sensibilité, il est certain que peu d'hommes l'ont égalé, et que peu aussi ont senti avec autant d'ardeur que lui ; mais s'il a prétendu étendre cette situation exceptionnelle à toutes ses impressions, à toutes ses sensations, je crois qu'il s'est étrangement trompé. En effet, si l'on trouve tant de charme dans les *Confessions,* c'est qu'il existe entre l'auteur et le lecteur une certaine sympathie qui vient d'une manière de voir ou de sentir complétement analogues ; je ne veux pas dire que l'on se met à la place de Rousseau en lisant son livre, ainsi qu'il faisait lui-même, dans sa jeunesse, touchant ses héros de romans ; mais l'on sympathise avec lui par une communauté de sentiments qui existent chez la plupart des hommes. Il nous fait part souvent de sa manière d'être et de ce qu'il éprouva dans mille circonstances diverses, et l'on reconnaît là l'humanité qui a partagé ses erreurs ou ses instincts quelquefois sublimes. Ainsi, il nous dit qu'il ne put jamais languir, attendre ou solliciter ; et ailleurs il nous fait connaître que s'il vient à s'occuper d'un objet nouveau qui lui plaise, son goût devient bientôt passion, et ne lui laisse plus rien voir que ce qui l'entraîne. Eh bien ! n'est-ce pas là l'expression de sentiments qui ont été éprouvés par bien des hommes, qui sont plutôt de l'essence de l'humanité tout entière que d'un seul homme, quel que soit son génie ? J'ai cité ces deux passages, j'en pourrais citer bien d'autres à l'appui de ce que j'avance, et dans lesquels plus d'un lecteur s'est reconnu lui-même (7).

Madame de Warens n'avait point oublié son protégé, et en arrivant à Chambéry, Rousseau y trouva une occupation qu'elle lui avait procurée près d'elle; elle était moins brillante, il est vrai, qu'il ne l'avait espéré d'abord à l'accueil qu'elle lui fit, mais suffisante du moins pour lui permettre d'exister sans être trop à charge à sa bienfaitrice : il venait d'être nommé à un emploi dans le cadastre du territoire sarde, et il s'acquitta avec zèle de sa nouvelle tâche. C'est vers ce temps qu'il connut les relations intimes qui existaient entre madame de Warens et Claude Anet, personnage assez singulier quoique estimable, et dont il est souvent question dans la première partie des *Confessions*. C'est aussi vers cette époque que la guerre éclata entre la France et l'Allemagne, et qu'une colonne de l'armée française traversa Chambéry pour se rendre en Piémont, et de là dans le Milanais. Rousseau nous fait connaître, dans cette circonstance, la vive sympathie qu'il éprouvait alors et qui ne l'abandonna jamais pour une nation dont il parla souvent, depuis, avec dédain : dans ce temps-là il connaissait à peine la France, mais sa littérature la lui faisait aimer.

Pendant qu'il s'adonnait à son travail du cadastre, il ne négligeait aucune occasion de s'occuper aussi de musique. Cet art, pour lequel il a toujours conservé un goût très-vif, le charmait; il organisait de petits concerts avec le P. Caton, moine très-aimable, qui était venu se fixer à Chambéry, et qui à Lyon avait eu le tort de faire enlever au pauvre Le Maître sa musique pour la renvoyer à la maîtrise d'Annecy. A part ce trait peu charitable, c'était un homme estimable et, de plus, recherché dans le monde; mais précisément à cause de cela il excita la jalousie de ses confrères, qui lui firent subir tant d'affronts et l'abreuvèrent de tant de chagrins, qu'il en mourut. Rousseau avait médité le *Traité d'harmonie* de Rameau, et, plus fou de musique que jamais, il finit par persuader à madame de Warens qu'il devait se livrer tout entier à cet art; en sorte qu'elle consentit, pour ce motif, à ce qu'il quittât son emploi. Le voilà donc de nouveau maître à chanter, mais avec beaucoup plus de succès qu'à Lausanne, et pouvant remplacer, sans y rien perdre, le travail devenu fastidieux et l'air fétide du bureau par des heures passées à enseigner la musique à de jeunes et aimables écolières qui l'attendaient chaque jour dans des appartements ornés de fleurs. Il décrit d'une manière charmante le contraste de ces deux existences, et l'on comprend que la seconde dut lui faire oublier bien vite la première. Mais si madame de Warens ne redoutait rien pour lui de ses écolières, il n'en était pas de même touchant la mère de l'une d'elles, qui paraissait avoir pour le jeune professeur une prédilection dont elle se préoccupait. Ce fut du moins le motif vrai ou apparent dont elle se servit pour garantir l'innocence de son protégé en la lui faisant perdre. Il y a dans cette situation quelque chose d'autant plus choquant que son intimité avec Claude Anet n'avait pas cessé ; mais, ainsi que l'explique Rousseau lui-même, les erreurs de madame de Warens venaient plutôt de ses idées que d'un tempérament naturellement porté au vice. Son premier amant avait dénaturé son jugement pour la séduire, et les principes désastreux qu'il lui fit accueillir ne l'abandonnèrent malheureusement jamais. Elle avait un tempérament froid, mais une âme aimante, et elle se laissa toujours égarer par son cœur et non par ses sens : combien de femmes vertueuses et honorées n'auraient-elles pas failli comme elle si elles eussent ouï, au commencement du chemin de la vie, et dans les circonstances fatales où elle se trouva, le langage habile et corrupteur qui la perdit ! Une première faute, hélas ! en amène une autre, et peu à peu l'esprit s'accoutumant au vice, l'on s'y abandonne tout à fait, et la plus belle âme peut devenir ainsi la honte de son sexe.

Claude Anet mourut à la suite d'une course qu'il

fit dans les montagnes pour y chercher une plante rare qui ne croît que vers les régions alpestres; et Rousseau, tout en pleurant celui auquel il donne le titre d'ami, eut l'indigne pensée qu'il allait hériter de ses habits. Bientôt, afin qu'il complétât ses études sur la composition musicale, madame de Warens le laissa partir pour Besançon, où il devait étudier le contre-point avec le maître de musique de la cathédrale de cette ville, qui avait quelque célébrité; mais un incident empêcha ce projet de réussir : toutefois, ce voyage lui permit de revoir sa famille en passant à Genève, et son père en passant à Nyon. De retour à Chambéry, il n'en continua pas moins de s'appliquer à l'art qu'il cultivait alors avec succès, comme j'ai dit, et qui lui fit connaître M. de Conzié, qui était de la Savoie et aimait les lettres françaises. Ils s'en entretenaient souvent, et Rousseau sentait naître parfois en lui, au milieu de ces entretiens, quelque germe de philosophie et de littérature ; ils admiraient les écrits de Voltaire, et il en parle, à cette occasion, en termes qui lui font honneur. La lecture de ses ouvrages lui inspira, dit-il, le désir d'apprendre à écrire avec élégance, et de tâcher d'imiter le beau coloris de cet auteur, dont il était enchanté. Comment se fût-il donc exprimé sur l'énergie, l'éclat et le charme de son propre style s'il eût pu lui-même en juger! Tout cela était entremêlé de voyages à Lyon, à Genève, à Nyon, à Grenoble, et les années se passaient ainsi. Enfin, après une maladie de langueur qui faillit l'emporter, il fut décidé que l'on irait habiter la campagne, et le séjour des Charmettes fut choisi par madame de Warens, qui s'y installa pendant l'été de 1736, Rousseau ayant alors vingt-quatre ans. Nous allons le suivre dans cette douce retraite, qui fut l'une de ses plus charmantes demeures, et où l'on retrouve encore son souvenir et les traces du séjour qu'il y fit durant ses plus belles années.

CHAPITRE SEPTIÈME.

LES CHARMETTES.

Hier, 17 avril*, j'ai savouré la première soirée du printemps : l'air était doux et tiède, et il régnait dans l'atmosphère une senteur délicieuse émanant de la terre et des premiers bourgeons; naguère encore les arbres avaient leur triste aspect d'hiver, et maintenant les marronniers montrent leurs feuilles au milieu desquelles s'élancent déjà des bouquets de fleurs en boutons : la campagne est riante, l'air embaumé, et le chant des fauvettes et des rossignols a ranimé nos bois. L'hiver avec ses frimas est déjà loin de nous, et

* 1855.

la terre va reprendre sa parure splendide. La saison des amours est revenue pour ceux qui sont encore à l'âge d'aimer ; mais elle est belle pour tous et ramène dans notre cœur la confiance et les joies de la jeunesse, qui ne nous abandonnent jamais parmi les douces solitudes de la nature renaissante.

Rousseau parle de son séjour aux Charmettes avec une délicatesse et une grâce d'expression dont il est impossible de donner l'idée : ce sont des réflexions relatives à sa situation, à ses affections pour madame de Warens, au bonheur qu'il ressentait de cette existence nouvelle, et tout cela accompagné d'une certaine mélancolie qui donne plus de charme encore à une foule de détails qu'on ne peut bien apprécier que le livre en main. Cependant sa santé était loin de s'améliorer, et l'hiver étant venu, ils retournèrent à Chambéry où il revit plusieurs personnes et entre autres M. de Conzié dont il aimait de préférence la conversation. Durant cet hiver, il s'adonna à la lecture, et, entre autres ouvrages, il se mit à lire avec ardeur les *Entretiens sur les sciences* du P. Lamy. Il reprit peu à peu quelque force, et, après avoir cru ne plus revoir les Charmettes, il y revint de nouveau dès les premières apparences du printemps de l'année suivante. C'est de ce moment surtout que datent pour lui les délices de cette retraite, où il vivait selon son goût et selon son cœur. Que de ravissantes promenades faites le matin, en attendant le lever de madame de Warens! Quel charme dans cette vie champêtre qui occupait son temps d'une façon si douce et entretenait le bonheur dont il jouissait! Plus que jamais il prit le goût des livres : il se mit à dévorer la *Logique* de Port-Royal, l'*Essai* de Locke, Malebranche, Leibnitz, Descartes; il remplissait ainsi sa tête de tout ce qu'il lisait, et voyant à la fin comment l'on arrive à raisonner, il se mettait à penser et à raisonner lui-même. Il s'occupa aussi de géométrie et, de nouveau, de la langue latine; il s'appliqua à l'astronomie, et recherchait dans le ciel la position des différentes constellations : étude pleine d'attrait et de poésie au milieu des douces nuits d'été. Une partie de son temps se passait ainsi en travaux assez sérieux, le reste en promenades ou en soins donnés à la maison de sa bienfaitrice. Il raconte avec sa manière toujours suave et séduisante les charmes d'une promenade qu'il fit avec elle et qui dura tout le jour : des provisions avaient été envoyées à l'avance chez des paysans où ils s'arrêtèrent, et ils parcoururent la campagne par l'une des plus belles journées de l'année, au milieu des prairies et des eaux vives rafraîchissant l'air qu'ils respiraient. Ce récit, l'un des plus délicieux des *Confessions*, rappelle certains passages de la *Nouvelle Héloïse* pour la pureté et l'élégance de la diction. Il était heureux aussi de voir madame de Warens s'attacher aux travaux champêtres, espérant, sinon qu'elle y trouverait quelque avantage, du moins que de pareils soins l'éloigneraient d'autres fantaisies qui devaient être dans la suite, pour elle, une cause de ruine.

L'année suivante, Rousseau ayant atteint sa majorité, se rendit à Genève où il reçut de son père ce qui lui revenait de l'héritage de sa mère; il en employa une partie en achat de livres et donna le reste à madame de Warens qui le lui rendit en objets à son usage. Mais ses langueurs étaient revenues, et il fut convenu qu'il se rendrait à Montpellier, afin d'y consulter un médecin célèbre. Il partit donc, et c'est durant ce voyage qu'il fit connaissance avec madame de Larnage qui ne lui épargna point ses bontés. Cet épisode est piquant autant par l'originalité de la situation que par l'attrait du récit. Continuant sa route, il fait une pittoresque description du pont du Gard, puis il arrive à Montpellier où il passe agréablement plusieurs semaines. Après ce séjour, il reprit la route de Chambéry qui était aussi celle de Saint-Andéol où résidait madame de Larnage (8), chez laquelle, d'après les promesses qu'ils avaient échangées, il devait s'arrêter au retour; mais il prit le parti de revenir droit à madame de Warens, se souvenant qu'elle s'était toujours montrée pour lui aussi généreuse qu'aimable. Certes il ne faut pas aller trop loin chercher dans les dernières limites de la conscience, mais je crois que si Rousseau eût été certain de se tirer avec honneur de sa visite à madame de Larnage, il n'eût pas été si scrupuleux. En effet, il s'était donné à elle comme Anglais, tandis qu'il ne savait pas deux mots de cette langue; il avait pris par fantaisie un autre nom que le sien (9), et il ne fallait qu'une seule occasion fâcheuse pour dévoiler cette petite fourberie qu'elle eût pu pardonner, mais dont la révélation l'eût couvert de confusion; enfin, il ne voyait plus guère en elle l'attrait de la nouveauté, et tous ces motifs rendent assurément le sacrifice qu'il s'imposa bien moindre qu'il ne paraît au premier abord. Étrange chose que la destinée humaine! il en fut mal récompensé; en arrivant à ses chères Charmettes, il trouva madame de Warens bonne et affectueuse comme toujours, mais l'absent avait eu tort : sa place était prise. Elle était toute prête à partager son cœur, elle l'eût désiré même; mais Rousseau, par un sentiment de délicatesse qui l'honore, ne voulut point accepter une situation aussi dégradante pour la femme qui la provoque que pour l'homme qui l'accepte. Bientôt ce changement jeta le trouble dans son âme, il en souffrit amèrement, et préférant ne plus la voir que de la voir à un autre, il résolut de quitter les Charmettes, projet qu'elle accueillit, et à l'exécution duquel elle aida même, en le recommandant à une de ses amies qui le plaça à Lyon chez M. de Mably, pour y faire l'éducation de ses enfants. Cette nouvelle situation lui devint à charge en peu de temps; il ne trouvait pas dans ses élèves la docilité qu'il aurait voulue; il sentait lui-même son défaut d'expérience pour l'emploi qu'il occupait; enfin, sans cesse poursuivi par le souvenir de madame de Warens, il voulut à tout prix la revoir, et le voilà retournant aux Charmettes. C'est durant son séjour chez M. de Mably, qu'il se permit de transporter dans sa chambre quelques bouteilles de vin d'Arbois qu'il avait troublé en le collant, sans lui rien enlever toutefois de sa saveur. Il se procurait ainsi d'agréables tête-à-tête assaisonnés de la lecture de quelques pages de roman. Cette peccadille, racontée d'ailleurs d'une façon charmante, est vraiment aussi singulière qu'inexplicable de la part d'un jeune homme qui devait avoir le sentiment de sa dignité et qui avait puisé, sous ce point de vue du moins, chez madame de Warens, des principes qu'il aurait dû mettre un peu mieux en pratique. Étrange bizarrerie de l'humanité ! il reproche à sa bienfaitrice ses erreurs, et il en commet de non moins blâmables. Que l'on se représente un jeune homme de vingt-cinq ans, portant l'épée, et admis dans une maison honorable pour y faire l'éducation de deux adolescents, jouissant par conséquent de toute la confiance de ceux qui l'emploient, et dérobant, pour les boire en cachette, quelques bouteilles d'un vin dont le goût l'avait séduit ; en vérité il y a là quelque chose de si choquant que l'on ne s'y arrête qu'à regret.

Il revint donc aux Charmettes où il fut bien reçu; mais il y éprouva bien vite le retour des sentiments qui les lui avaient fait quitter. Il y passait le temps au milieu des livres, et cherchant à se distraire par l'étude et le travail de l'abandon où il était; il voyait d'ailleurs la maison de madame de Warens sur une pente déplorable qui devait amener tôt ou tard sa ruine, et, dans cette prévision, il voulait imaginer quelque moyen de lui venir en aide. Eh bien! cet homme, ce prodige qui devait bientôt rendre son nom fameux dans toute l'Europe et s'élever de lui-même sur le piédestal de l'enthousiasme universel, cet homme, qui avait senti déjà dans sa tête des germes de philosophie et de littérature, ne se trouvait alors ni assez de savoir ni assez d'esprit pour y briller. S'occupant toujours de musique, il se mit en tête que la difficulté inhérente à l'étude de cet art provenait en partie d'une trop grande complication dans la manière de noter, et croyant en trouver une plus simple et de beaucoup préférable, il vit sa fortune faite, et partit pour Paris afin de soumettre sa découverte à l'Académie.

Nous avons parcouru rapidement les phases de la jeunesse de Rousseau, la première partie de sa vie où rarement il est possible d'entrevoir quelque indice de son génie. Nous allons maintenant le suivre dans une existence toute nouvelle. Mais quelques années se passeront encore avant qu'il prenne rang parmi les grands esprits de son siècle. S'il fut souvent rebuté dans sa jeunesse, il trouvera dans l'âge mûr, et dès son début dans la carrière des lettres, de hauts et sincères admirateurs, et, en admettant qu'il ait eu à se plaindre de quelques-uns de ses amis, il dut éprouver souvent dans l'enthousiasme qu'il excitait de vives compensations à ses chagrins réels ou imaginaires.

CHAPITRE HUITIÈME.

DISSERTATION SUR LA MUSIQUE MODERNE.

Quoique l'on rencontre dans la jeunesse de Rousseau bien des misères et des turpitudes, on quitte à regret la première partie des *Confessions* pour entrer dans une voie nouvelle. On voit que lui-même l'écrivit avec tout le charme que donnent d'aimables et gais souvenirs, et qu'il y apportait ce soin continu et renouvelé qui accompagne toujours un travail dont on s'occupe avec abandon et en même temps avec ardeur. Ce dernier sentiment persiste dans sa seconde partie qui présente un intérêt d'un tout autre genre; seulement on éprouve le regret d'y rencontrer souvent les traces de son esprit maladif et soucieux qui semble prendre à tâche de s'environner de fantômes, et d'être défiant et inquiet jusqu'à l'injustice. Rousseau date ses malheurs, ainsi qu'il les appelle, de l'époque où il entra dans la république des lettres, et, sans qu'il s'exprime là-dessus d'une manière formelle, l'on comprend qu'il les attribue à des sentiments de basse jalousie. Il est malheureusement vrai que certains hommes virent avec peine s'élever si haut celui qui s'était tenu si au-dessous d'eux, et qu'il furent peu disposés à l'admettre de bonne grâce comme leur égal; mais le sentiment qu'ils éprouvaient était-il de nature à exciter en eux des projets de complot contre les écrits et la personne de Rousseau? Assurément non; et l'on regrette qu'un esprit aussi éclairé et qui rencontrait si souvent autour de lui des sympathies ait vu de toutes parts une main cachée qui s'apprêtait sans cesse à le frapper. Il écrivit la première partie de ses *Confessions* en Angleterre, dans la ferme de Wooton,

et en France, au château de Trye, où il fut reçu
par une hospitalité princière. Il se regardait alors
comme libre de penser et d'écrire tout à son aise ;
mais de retour à Paris, il se croyait sans cesse
environné des piéges de la curiosité et de la malveillance. Cependant il était gardé dans son logement de la rue Plâtrière par une sentinelle vigilante qui ne permettait pas facilement qu'on y
pénétrât : il le savait, et bien des passages de la
seconde partie des *Confessions* ont été écrits,
ainsi que les premiers livres, avec tout l'agrément
du loisir. Toutefois cet écrit tourmentait souvent
son esprit, et il craignait qu'il n'arrivât pas à la
postérité ou du moins qu'il n'y arrivât pas intact.
Il en confia le manuscrit à son ami Moultou, de
Genève, et une copie tout entière de sa main fut
remise à son ami du Peyrou par les soins de sa
veuve. D'après les ordres de Jean-Jacques luimême, les *Confessions* ne devaient être publiées
qu'en l'an 1800 ; mais, peu d'années après sa
mort, une édition clandestine, inexacte et tronquée

d'une partie de ces mémoires parut à Genève, sans que l'on ait jamais su comment, ce qui détermina les dépositaires, et avec raison, à publier les *Confessions* en rétablissant l'exactitude des textes (10). L'on s'est demandé souvent si l'original déposé entre les mains de M. Moultou devait être préféré à la copie, et la question est aujourd'hui décidée. Jean-Jacques donnait jusqu'au moment de l'impression une dernière main à ses écrits ; ainsi, il faisait sur les épreuves mêmes de légers changements qui apportaient dans le style plus de grâce ou de perfection, en sorte qu'il existait souvent des différences entre ses manuscrits et les éditions de ses œuvres revues avec soin par lui-même. Il en a été de même des *Confessions* : en copiant son manuscrit, il y a fait quelques légères améliorations, quelques changements sans importance d'ailleurs, puisqu'il a négligé de les reporter sur le manuscrit original, qui n'était autre chose que la mise au net de son travail primitif qu'il ne paraît pas avoir conservé, ainsi qu'il a fait du manuscrit de la *Nouvelle Héloïse,* où l'on retrouve toutes les traces d'une foule de changements et de corrections. Il est très-possible d'ailleurs que Jean-Jacques, qui était arrivé au plus haut point de facilité dans l'art d'écrire, tournât ses périodes dans sa tête et ne les écrivît que lorsqu'elles étaient selon son goût, ce qui expliquerait aussi la netteté des manuscrits des *Confessions.* Quoi qu'il en soit, c'est le dernier écrit qui a dû recevoir la préférence des éditeurs et qui est maintenant seul admis, bien que quelques-uns, par un sentiment honorable et consciencieux, aient voulu indiquer par des notes les *variantes* du manuscrit de M. Moultou. A l'époque où il écrivait les dernières pages des *Confessions,* Rousseau remarqua avec un vif chagrin, dans une nouvelle édition de ses œuvres, plusieurs fautes d'impression dont l'une altérait le sens d'une phrase; il en parla plusieurs fois avec indignation, disant que puisque l'on agissait ainsi de son vivant, l'on pouvait s'attendre à voir ses écrits mutilés après sa mort; car il attribuait à la malveillance des erreurs qui étaient simplement l'œuvre de la négligence ou de l'ignorance d'un typographe. Ceux qui écrivent comprennent parfaitement l'ennui causé par une faute typographique qui peut altérer le sens d'un texte, et ce sentiment poussé chez Rousseau à l'excès, jusqu'à l'extravagance même, lui faisait voir des complots imaginaires, là où il n'y avait autre chose que la négligence d'un imprimeur.

Nous l'avons laissé partant pour Paris et abandonnant les Charmettes, mais cette fois pour n'y plus revenir. En passant à Lyon, il y vit quelques personnes et entre autres M. de Mably dont le frère, l'abbé de Mably, lui donna diverses lettres pour Paris où il arriva, vers l'automne de 1741, avec son projet de musique, quelques louis, et sa comédie de *Narcisse,* qu'il avait composée pendant son séjour à Chambéry. Il fut bien accueilli, et bientôt il eut l'honneur d'exposer à l'Académie sa découverte; on lui témoigna de la bienveillance, mais son système ne parut point susceptible d'être admis, et il en appela à l'opinion en écrivant la *Dissertation sur la musique moderne,* qui est le premier ouvrage qu'il produisit devant le public. Il y a loin de son style d'alors avec celui qui imprima quelques années plus tard tant d'énergie à sa pensée : on reconnaît cependant dans ce premier écrit une certaine habileté dans l'art de disserter, dont il donna depuis des preuves si éclatantes, et l'on y remarque quelques tournures et diverses expressions qui lui sont propres. Quant à son système qui consistait à remplacer les notes par des chiffres, il y a bien là quelque chose de séduisant qui frappe l'esprit au premier abord, mais au point de vue théorique seulement ; car l'on en reconnaît aussitôt l'impossibilité dans la pratique. Tout en le développant avec beaucoup d'art, Rousseau fait divers raisonnements dont plusieurs doivent être combattus ; ainsi il avance que les différentes expressions des *tons* proviennent de ce que les *intervalles* ne sont pas les mêmes dans chacun d'eux; que si le ton d'*ut mineur* est plus touchant que celui de *ré mineur*, et le ton de *fa mineur* plus triste que les deux autres, la raison en est dans la différence qui existe entre l'intervalle d'*ut* à *ré* et celui de *ré* à *mi*, etc. Mais il signale le caractère propre de chaque ton, et il trouve que celui de *la majeur* est brillant, tandis que celui de *si bémol* est tragique. Je ne connaissais point la *Dissertation sur la musique moderne* lorsque j'écrivis les *Lettres sur la musique*, et je me félicite d'avoir eu la même idée que l'illustre écrivain; seulement je crois qu'il s'est trompé sur la cause, qui est simplement dans la nature particulière de chaque ton et non dans des différences qui peuvent exister sur l'orgue ou le clavecin à cause de l'obligation où l'on est, en les accordant, de sacrifier un peu de la justesse rigoureuse de quelques intervalles, mais qui n'existent point dans la nature, et qu'un chanteur ou un violoniste habile ne saurait reconnaître. Si l'on admettait l'idée de Rousseau, on devrait altérer certains intervalles en transposant un morceau de musique, ce qui ne se fait point. Ainsi le chœur des enfers d'*Orphée* a été exécuté souvent en *ut mineur* et en *ré mineur;* nous avons entendu une cantatrice italienne chanter en *mi bémol* la cavatine de la *Gazza* écrite en *mi naturel*, et en *ut* le grand air de *donna Anna* écrit en *ré;* eh bien ! les intervalles étaient-ils différents dans ces tons divers? Évidemment non. Seulement le caractère du morceau se trouve altéré par la transposition, non à cause d'une différence dans les intervalles qui n'existe pas, mais parce que le caractère du ton préféré par le chanteur pour faire briller sa voix n'est plus en rapport avec l'idée que le compositeur a voulu rendre. Exécutez en *la mineur* la marche funèbre d'un héros, de Beethoven, écrite en *la bémol mineur,* vous lui enlèverez à coup sûr une partie de son caractère de fierté et de tristesse profonde; faites entendre en *la naturel* la valse du *Désir* écrite en *la bémol,* et vous lui ôterez une partie de son charme mélancolique; et cet effet se produit, je ne saurais trop le redire, non à cause d'une différence imaginaire dans les intervalles, mais par suite des caractères essentiellement différents de deux tons qui n'ont entre eux aucune relation. Rameau avait fait au système de Rousseau une grave objection en disant que les notes ordinaires qui montent et descendent sur la portée guident mieux l'œil du musicien que des chiffres placés sur une même ligne. Rousseau, qui regarde cette objection comme la seule sérieuse qui lui fut adressée, y répond avec habileté en exprimant que l'on voit tout aussi clairement, lorsqu'on suit sa méthode, qu'il s'agit de monter pour aller de 1 à 6, et de descendre pour aller de 7 à 2 : la réponse paraît en effet péremptoire et ne pas souffrir de réplique; toutefois Rousseau lui-même admit plus tard, et complétement, l'objection de Rameau.

Il fit connaissance, vers ce temps, de Diderot, de Fontenelle, de Marivaux, qui voulut bien retoucher sa comédie de *Narcisse;* mais le temps s'écoulait, et il était sur le point de se trouver sans ressources, lorsque le P. Castel le recommanda à madame de Beuzenval et à sa fille madame de Broglie, puis à madame Dupin, qui était encore, comme on sait, l'une des femmes les plus remarquables de Paris, et recevait un monde choisi où l'on distinguait, entre autres célébrités, Voltaire et Buffon. C'est alors que Jean-Jacques connut M. de Francueil. C'est aussi vers cette époque qu'une fluxion de poitrine faillit l'enlever et qu'il esquissa, durant sa convalescence, son opéra des *Muses galantes*. Mais, sur ces entrefaites, madame de Beuzenval et madame de Broglie, qui, ainsi que madame Dupin, avaient remarqué quelque talent chez l'auteur de la *Dissertation sur la musique moderne,* lui procurèrent un emploi de secrétaire près de M. de Montaigu, qui venait d'être nommé ambassadeur à Venise. Il y eut, au sujet de cet arrangement, quelques difficultés qui s'aplanirent, et Rousseau partit pour l'Italie.

Voilà encore une circonstance nouvelle qui semble toute faite pour arrêter l'essor de son génie :

au moment où l'on croit le voir débuter dans la carrière des lettres, un incident renverse tout ce qui se préparait pour le faire pénétrer dans la lice. Nous le suivrons à Venise, ainsi que nous l'avons suivi déjà dans bien des pèlerinages, et après un séjour dont il fait le récit d'une façon brillante, nous le verrons revenir à Paris au milieu des hasards de la fortune.

CHAPITRE NEUVIÈME.

SÉJOUR A VENISE. — RETOUR A PARIS.

Rousseau passa à Lyon, descendit le Rhône, et se rendit à Toulon : là il s'embarqua pour Gênes, où il fut retenu pour faire quarantaine. Il fait une jolie description de son installation au lazaret : il y resta quinze jours, et il s'y était arrangé comme pour toute la vie. Il continua sa route par Milan, Vérone, Brescia, et arriva enfin à Venise. On se rappelle les détails pleins d'intérêt qu'il donne sur son emploi et sur les relations qui en étaient la suite ; il se livra à ses fonctions nouvelles avec zèle et dévouement, et je crois inutile d'ajouter avec intelligence ; mais il avait affaire à un ambassadeur inepte (11) qui voyait avec un sentiment de jalousie, qui devint ensuite de la haine, la prépondérance que prenait son secrétaire dans les affaires, ce qui doit infailliblement arriver lorsque l'inférieur est par son mérite au-dessus de celui qui l'emploie. M. de Montaigu lui fit subir tant d'ennuis, et à la fin, de tels affronts, que Rousseau, ne pouvant accepter une situation devenue intolérable, demanda et obtint son congé, après avoir travaillé pendant dix-huit mois à l'ambassade. J'ai dit qu'il a fait de son séjour à Venise un récit brillant : on doit le diviser en deux parties. La première est relative à tout ce qui regarde son emploi et sa vie habituelle; cela est clair, précis, vif, animé et rempli d'incidents; on y remarque les jolies anecdotes de Véronèse, du capitaine Olivet, de Son Excellence Zanetto Nani. Il parle en termes charmants de M. Leblond, consul de France, et de Carrio, secrétaire de l'ambassade d'Espagne, homme aimable dont il fit son ami. Ce fut aussi à Venise qu'il connut Altuna, Espagnol, avec lequel il eut ensuite d'étroites et cordiales relations. La seconde partie de sa narration est consacrée aux plaisirs de cette ville célèbre : elle n'est pas moins attachante que la première ; ici le style de Rousseau rappelle le coloris italien : celui du Titien et de Paul Véronèse. Est-il rien de plus charmant que ce qu'il raconte de la musique italienne, de ces soirées passées au théâtre à écouter de ravissantes mélodies : on chantait bien alors et l'on jouait les opéras de Jomelli et de Pergolèse ! Et cette musique délicieuse qui l'enchantait aux vêpres des *Mendicanti ?* quel charme et quelle fraîcheur ! Il semble que l'on entende ces voix de femmes pures, suaves, harmonieuses, qu'on ne trouve que dans ce pays-là. Il eut la satisfaction d'entendre plusieurs morceaux de son opéra des *Muses galantes* exécutés par l'excellent orchestre de Saint-Jean-Chrysostome : ce sont là des jouissances que ne connaissent point ceux qui n'aspirent dans ce monde qu'aux honneurs et à la fortune. Quant à l'histoire de Zulietta, j'en demande pardon aux rigoristes, mais je ne puis m'empêcher de l'admirer comme un chef-d'œuvre de grâce piquante et originale.

En quittant Venise, Rousseau prit la route de Genève, et traversa successivement Côme, Domo d'Ossola, le Simplon : on regrette qu'il n'ait pas fait une description des beaux sites qu'il parcourut; quelles merveilles il eût tirées de sa plume magique ! Le Simplon n'était pas alors ce qu'il est à présent ; mais si les ingénieurs modernes n'en avaient pas encore facilité le passage, on y voyait comme aujourd'hui ces gigantesques montagnes aux flancs déchirés, ces précipices et ces vallons effrayants au fond desquels frémissent des torrents impétueux, ce bouleversement de la nature qui semble avoir brisé le moule du Créateur pour fasciner et enchanter nos regards.

Il vit son père à Nyon et y passa avec lui une de ces soirées que rien ne saurait remplacer en ce monde. De Genève, il vint à Lyon, où il acquit la preuve du peu de délicatesse de M. de Montaigu; puis il se rendit à Paris, où il réclama justice sans l'obtenir. On lui donna raison, mais rien de plus : toutefois, lorsque M. de Montaigu, renvoyé de son ambassade, revint à Paris lui-même, il s'acquitta à l'égard de son secrétaire, qui en avait grand besoin pour payer quelques dettes qu'il avait laissées à Venise. Rousseau s'y était conduit honorablement et d'une façon irréprochable, et l'on conçoit que le peu de satisfaction qu'il en obtint contribua à développer en lui ces sentiments d'horreur et d'indignation pour l'injustice, qui éclatèrent plus tard dans ses écrits. Ce qui arrive trop souvent, le faible fut sacrifié au puissant; mais le faible se vengea cruellement en attaquant et en foudroyant des institutions dont il était la victime. A Dieu ne plaise que je songe à attribuer à des causes d'irritation personnelle les grandes pages de l'auteur d'*Émile* et du *Contrat social :* tel n'est point mon sentiment; seulement je pense que bien des circonstances, bien de petits faits contribuèrent, je le répète, à faire éclater et à développer en lui des idées dont il avait reçu le germe en naissant, et que l'on voit poindre dès ses plus jeunes années.

Il retrouva, à Paris, Altuna, caractère noble et élevé, âme pure et vertueuse s'il en fut jamais. Puis, après son départ, et afin de travailler tout à l'aise à son opéra des *Muses galantes,* il s'installa, près du Luxembourg, dans son ancien logement. C'est là qu'il connut Thérèse Le Vasseur; c'est à cette époque qu'il commença cette liaison dont les suites furent si déplorables. Il parle des excellents conseils que lui donna plus tard cette femme simple et bornée, pendant les séjours qu'il fit en Suisse et en Angleterre. Hélas! que pouvaient être les conseils de mademoiselle Le Vasseur? Elle flattait, par stupidité, l'humeur chagrine de Rousseau, entretenait dans son esprit ses fâcheuses idées de défiance et de funestes soupçons, et contribuait à l'éloigner du monde, qu'il était déjà si disposé à éviter et à fuir.

L'opéra des *Muses galantes* fut enfin terminé, et Rousseau arriva, non sans peine, à en faire entendre plusieurs parties chez M. de la Popelinière, en présence de Rameau, qui fut loin de l'encourager, et laissa évidemment percer même, dans cette circonstance, un sentiment de jalousie que l'on ne rencontre que trop souvent chez les maîtres à l'égard de ceux qui débutent. Certes Rameau ne pouvait craindre de voir sa gloire éclipsée par le nouveau venu; mais il est, chez certains hommes, un instinct d'exclusion tel, qu'il semble que l'art auquel ils s'adonnent ne puisse et ne doive être cultivé par d'autres que par eux. Ce sentiment se montra plus encore peut-être, chez Rameau, à l'occasion du ballet des *Fêtes de Ramire*, dont la musique, composée par lui d'abord, fut achevée par Rousseau et revue ensuite par le premier sur les instances de madame de la Popelinière. Tout cela navrait le cœur du pauvre débutant; il se sentait quelque talent, en avait réellement, et il voyait là près de lui une supériorité écrasante qui semblait prendre plaisir à l'anéantir. Ce fut vers ce temps qu'il perdit son père, perte qui lui fut moins cruelle, dit-il, que s'il l'eût subie dans un temps meilleur. Il recueillit la part d'héritage maternel de son frère, et il en envoya une faible partie à madame de Warens, dont la détresse se faisait sentir chaque jour davantage.

Thérèse Le Vasseur était entourée d'une famille avide, et les nouvelles ressources de Jean-Jacques durèrent peu. Il fallut donc chercher de nouveau fortune. Il présenta aux Italiens sa petite comédie de *Narcisse ;* elle y fut reçue, mais ne lui procura d'autres avantages que ses entrées. Il revint à son opéra des *Muses galantes*, qui fut enfin répété à l'Opéra en présence d'un public nombreux ; mais, quoique plusieurs morceaux de cet ouvrage eussent été goûtés, il sentit que sa pièce ne passerait pas et là retira, afin de ne pas éprouver un refus.

Découragé de toutes parts, le voilà renonçant à la gloire et s'attachant de nouveau à madame Dupin et à M. de Francueil en qualité de secrétaire, aux appointements de neuf cents francs : c'est durant cette période qu'il écrivit l'*Engage-*

ment téméraire, comédie qui ne fut pas imprimée de son vivant, et l'*Allée de Sylvie*, pièce de vers qu'il composa, ainsi que cette comédie, au château de Chenonceaux, qui appartenait alors, comme on sait, à M. Dupin, fermier général. Ce fut quelque temps après son retour à Paris, en 1748, qu'il prit à l'égard de ses enfants une détermination qui fut une suite d'actes de lâcheté, de faiblesse et d'immoralité, qui ne concordent que trop avec les fautes de sa jeunesse. L'instinct maternel de Thérèse Le Vasseur résista d'abord aux sophismes du rhéteur, puis elle céda à des instances qui furent appuyées par sa mère elle-même. Rousseau a cherché, sinon à se justifier, du moins à expliquer sa conduite par la dépravation des mœurs de son siècle ; mais au lieu de suivre ce torrent de désordre, il eût dû chercher à l'arrêter ou du moins à le contenir, et à lui, plus qu'à tout autre, la puissance et la force de la raison en donnaient les moyens. Il est horrible de penser que cet homme, d'une nature aimante, d'une sensibilité excessive, paraisse n'avoir jamais eu l'idée du charme que l'on rencontre dans le doux regard d'un enfant, qui exprime si délicieusement le contentement qu'il éprouve du bien qu'on lui fait, et qui y répond par de si touchants témoignages de sa tendresse. Que d'heures pénibles eussent été remplies pour lui par des heures de joie! Quelle page terrible eût été arrachée à ses *Confessions!* Il fut d'autant plus coupable qu'il ne chercha jamais à réparer des actes aussi odieux qu'inhumains, et Dieu seul a pu savoir le destin de ces malheureuses petites créatures abandonnées. J'ai dit déjà que mon intention, en entreprenant ce travail, n'était point de venir reprocher à Rousseau les turpitudes de sa vie, et cela d'autant moins qu'il en a fait lui-même l'aveu ; mais s'il est une page des *Confessions* à laquelle on ne puisse s'arrêter sans blâmer énergiquement sa conduite, c'est à coup sûr celle-ci. Je me sens peu disposé, d'ailleurs, à y revenir jamais.

CHAPITRE DIXIÈME.

DÉBUTS PHILOSOPHIQUES.

C'est à peu près vers cette époque qu'il fit la connaissance de madame d'Épinay, qui venait de se marier, et celle de sa belle-sœur, mademoiselle de Bellegarde, qui était elle-même à la veille d'épouser le comte d'Houdetot. Il se lia intimement avec l'abbé de Condillac, qui en était à ses débuts, et avec Diderot, qui venait d'entreprendre le *Dictionnaire encyclopédique,* dont Rousseau fut chargé d'écrire la partie relative à la musique : mais cette publication fut suspendue par la détention de Diderot, à qui sa *Lettre sur les aveugles* valut le donjon de Vincennes. C'est aussi de ce temps que datent ses relations avec Grimm, qui était alors un fort petit personnage, et attaché en qualité de lecteur au prince héréditaire de Saxe-Gotha : cette amitié lui fut fatale; Grimm avait de l'esprit, des talents, de l'habileté et du tact, et possédait au plus haut point l'art de faire sa cour. Il sut bien vite acquérir certaines manières souples et élégantes qui font facilement fortune dans le monde, tandis que Rousseau conserva toujours dans ses allures une certaine simplicité digne qui annonçait la fierté du cœur, mais non la suffisance de l'esprit; ils grandirent l'un et l'autre, quoique d'une manière bien différente : l'un par son esprit d'à-propos et par l'agrément qu'il apportait dans les cercles qu'il fréquentait et dans ses relations avec les grands; l'autre par la seule force et la seule puissance du génie. Si l'on examine attentivement des caractères si dissemblables, et même si opposés, non-seulement l'on s'explique qu'ils ne purent se trouver longtemps en contact sans se heurter, mais l'on s'étonne même qu'ils aient pu sympathiser jamais.

Rousseau se désespérait de la détention de Diderot, lorsqu'il apprit qu'on lui avait permis de se promener, sur sa parole, dans le parc de Vincennes, où il courut aussitôt embrasser son ami. C'était pendant l'été de 1749, la chaleur était suffocante, et il allait chaque deux jours passer avec Diderot plusieurs heures, se rendant la plupart du temps à pied à Vincennes, au milieu du jour. C'est dans une de ces courses, qu'ayant pris, pour le lire pendant qu'il marchait, le *Mercure de France*, il y remarqua la fameuse question sur l'effet du progrès des sciences, proposée par l'Académie de Dijon pour le prix qu'elle décernait.

Il exprime avec chaleur, dans l'une de ses lettres à M. de Malesherbes, l'explosion de son génie, qui éclata soudain à cette lecture, et il en parle aussi avec feu dans les *Confessions*. Quoi qu'en ait pu dire Rousseau lui-même, son premier discours est un ouvrage de premier ordre, l'un des plus fortement pensés et des plus fortement écrits qui soient sortis de sa plume : il semble que ce soit une précieuse liqueur, qui, depuis longtemps comprimée, brise tout à coup le vase qui la contient, se fait jour enfin, déborde de toutes parts et inonde tout ce qui l'environne, semblable à la lave qui s'échappe d'un volcan. Cette effervescence se soutint en lui durant plusieurs années, et c'est pendant cette période qu'il composa les principaux écrits qui l'ont placé à la tête de son siècle. Il est difficile de s'expliquer cette manifestation soudaine de son génie; cependant si l'on a bien observé tout ce qui précède, on pourra jusqu'à un certain point la comprendre. On a pu remarquer les impressions vives qu'il avait ressenties souvent de ses lectures et de ses entretiens, les méditations, les réflexions qui en furent la suite, une défiance de lui-même qui l'avait empêché jusqu'alors d'oser aborder aucun sujet, enfin son goût passionné pour la musique, qui, un certain temps, l'absorba tout entier; et, si l'on se pénètre bien de tout cela, on finira par saisir les causes diverses qui ont fait jaillir le feu dont, à son insu peut-être, il était embrasé, et celles qui en retardèrent l'explosion. Cependant cette fièvre du génie ne se calma pas tout à coup au bout de quelques années, ainsi qu'il semble l'exprimer, car l'on en trouve la trace jusque dans ses derniers écrits, et souvent jusque dans ses paroles ; seulement elle perdit de sa force, mais l'expérience et l'habileté de l'écrivain y suppléèrent : s'il fut moins éclatant, vers la fin de sa carrière, du côté de la verve et de la hauteur de la pensée, il acquit un charme nouveau dans la grâce familière et souvent passionnée de ses narrations.

Madame Dupin et M. de Francueil ayant porté les émoluments de Rousseau à cinquante louis, et l'ayant aidé à s'installer un peu mieux, il vint habiter un petit appartement situé rue de Grenelle-Saint-Honoré, et il y resta pendant sept ans environ, c'est-à-dire jusqu'au jour où il alla s'établir à l'Ermitage. Il narre encore ici avec sa délicieuse familiarité ses promenades avec Thérèse et ses soirées passées près d'elle à la fenêtre de sa chambre, après un repas frugal dont la jeunesse et la bonne humeur faisaient tous les frais : il est incroyable que l'on puisse donner un pareil charme à des détails aussi puérils; on se rappelle en les lisant le mot du prince de Ligne, qui disait que Rousseau eût ennobli un morceau de fromage en le prononçant.

Le *Discours sur les progrès des sciences* avait été couronné; il prit tout par-dessus les nues et il n'y avait eu jamais d'exemple d'un succès pareil, pour me servir de l'expression de Diderot. Sur ces entrefaites, M. de Francueil, alors receveur général des finances, offrit à Rousseau la place de caissier de sa recette; mais une semblable responsabilité et les inquiétudes qu'il en éprouva ne lui permirent pas de conserver cette place, et, renonçant à tout jamais à la fortune, résolu de vivre dans la pauvreté, il se fit copiste de musique afin de subvenir à son existence. Il y eut à cette époque un changement complet dans sa manière d'être; soit caprice de son esprit, soit enivrement d'un premier succès, il prit plaisir dès lors à se dérober à la recherche dont il était l'objet. Il comprit toute sa supériorité, et peut-être trouva-t-il, dans la suite, que ses amis ne lui en tinrent pas compte autant qu'ils l'eussent dû. Il est certain que Grimm ne l'admit jamais de bonne grâce (12); quant à Diderot, il aurait voulu enrôler son nouvel émule sous sa bannière, tandis que Jean-Jacques se sentait la puissance nécessaire pour marcher seul et sans appui : c'est ainsi qu'il se détacha d'influences qu'il ne désirait pas dominer, mais qu'il ne voulait pas subir.

Il eut dès cette époque le désir d'habiter la campagne, afin d'y être complétement indépendant et libre, et il en prenait un avant-goût dans de charmantes promenades qu'il faisait à Marcoussis, chez le vicaire de cette paroisse, qui était musicien, et qui chantait avec lui et Grimm quelques trios de sa composition; puis, à Passy, chez son ami et compatriote Mussard, où il composa son opéra du *Devin du village*. J'ai parlé ailleurs de cet ouvrage plein de grâce et de fraîcheur encore, et qui était fait pour captiver ceux qui l'entendaient. Cette œuvre est aujourd'hui de trop peu d'importance pour être représentée sur un grand théâtre, mais je suis persuadé que, bien interprétée et rendue avec soin dans tous ses détails sur une scène moins vaste, elle exciterait encore de doux murmures d'applaudissements. On sait que le *Devin* fit grande sensation à l'époque où il fut joué : l'auteur fut bien vengé du mauvais succès des *Muses galantes*, et il put tout à son aise, et longtemps, jouir de son triomphe et savourer sa gloire. A cette époque vint à Paris une troupe italienne, et les amateurs se divisèrent en deux camps, les uns tenant pour la musique française, les autres pour l'italienne : ce fut le prélude de la grande querelle des *Gluckistes* et des *Piccinistes*, qui éclata plus tard avec non moins d'ardeur. Grimm et Rousseau défendirent les bouffons, le premier dans le *Petit prophète*, le second dans la *Lettre sur la musique française*. L'écrit de Grimm, qui n'avait de mérite que l'à-propos (13), n'offre plus aujourd'hui le moindre intérêt et ne saurait être mis, en quoi que ce soit, en parallèle avec la *Lettre* de Rousseau, dans laquelle on retrouve toujours la verve et le charme de son style. La comédie de *Narcisse* jouée au Théâtre-Français n'eut pas le succès du *Devin du village,* et l'auteur s'en consola en écrivant la préface de cette pièce. Bientôt il composa le *Discours sur l'origine de l'inégalité des conditions :* il y travailla avec ardeur pendant un séjour qu'il fit à Saint-Germain, allant méditer sous les ombrages solitaires et vers les lieux les plus sombres de la forêt, où il faisait renaître au milieu de la nature les premiers âges de l'humanité. Il y a dans cet écrit un nerf et une vigueur qui décèlent la fière exaltation à laquelle il s'était élevé en le composant : Rousseau paraît le placer bien au-dessus de son premier discours, dont l'allure est peut-être moins haute, mais plus parfaite.

Le premier juin 1754, il partit pour Genève avec

Thérèse et son ami Gauffecourt, et il eut la douleur de subir pendant ce voyage les désillusions de l'amitié. Il revit madame de Warens, mais dans un état de déplorable avilissement. Son séjour dans sa ville natale, qui ne dura pas moins de quatre mois, lui plut au point qu'il forma le projet de venir s'y fixer l'année suivante. Il fut charmé, entre autres choses, d'une ravissante promenade faite en bateau tout autour du lac, et durant laquelle il put admirer à loisir les beaux sites dont il fit quelques années plus tard de si éloquentes descriptions. Distinguant les grands principes de la religion du culte extérieur qui varie dans chaque pays, et suivant les temps, il rentra dans le culte où il était né. De retour à Paris, il y eut la visite de son ami Venture, qui lui rappela les jours heureux d'autrefois et cette délicieuse journée passée à Toune, dont il parle de nouveau avec un sentiment exquis qui touche jusqu'à l'attendrissement; mais, bientôt vaincu par les séductions de madame d'Epinay, il abandonna l'idée de se retirer dans sa patrie, et malgré les sarcasmes de ses amis, qui prétendirent qu'il ne pourrait vivre quinze jours dans la solitude, il prit la résolution d'aller habiter l'Ermitage.

CHAPITRE ONZIÈME.

L'ERMITAGE.

Ce séjour dut être plein d'attraits pour Jean-Jacques; contemplateur de la nature, aimant à rêver au milieu des bois, rien n'était plus favorable à ses instincts que cette charmante retraite. La forêt de Montmorency s'étendait alors plus qu'aujourd'hui du côté des habitations, et toutes ces jolies maisons de campagne qui conduisent à l'Ermitage n'existaient point encore; en sorte que c'était un lieu complétement solitaire, et isolé de toute habitation. Toutefois la distance qui le séparait de Montmorency était assez courte pour être franchie très-facilement même en hiver, ce qui permettait d'y trouver toutes les facilités de la vie qu'on y pût désirer.

Rousseau alla l'habiter au commencement du mois d'avril de l'année 1756. Dès son arrivée, il se mit à parcourir les environs de sa nouvelle demeure, et il en fut enchanté. Il décrit d'une façon charmante les prémices du printemps, qu'il savourait au milieu de la nature, et qui lui rappelaient les impressions qu'il avait ressenties aux Charmettes. Quelle douceur, en effet, pour un homme qui avait la tête pleine d'idées nouvelles et qui méditait divers plans d'ouvrages, de pouvoir s'en occuper en pleine liberté, sans le dérangement qui accompagne toujours les obligations du monde, et de s'adonner tout entier et sans réserve aux rêves brillants de son imagination! Il se mit à repasser dans sa tête tous ses projets d'ouvrages : ses *Institutions politiques,* dont il avait eu la première idée lors de son séjour à Venise, et qui lui avaient été inspirées par l'examen approfondi du gouvernement de cette république, dont les vices l'avaient frappé ; l'extrait qu'il voulait faire des manuscrits de l'abbé de Saint-Pierre ; le livre qu'il avait dessein d'écrire sur la *Morale sensitive;* enfin son *Traité d'éducation,* qu'il entreprit d'abord à la prière de madame de Chenonceaux, et dont il fit plus tard l'un de ses principaux écrits. Mais il abandonna successivement les précédents, par suite des distractions qui survinrent ou d'autres idées qui firent diversion à celles-là. Toutefois le *Contrat social,* qui devait être l'un des fragments des *Institutions politiques,* peut donner l'idée de quelle trempe eût été cet ouvrage, s'il en avait mis en entier le projet à exécution.

Il compare d'une manière inimitable les ennuis de la ville avec les jouissances toutes rustiques de la campagne. Mais il ne fut pas longtemps à les goûter sans quelque mélange d'amertumes qui lui venaient de la famille de Thérèse, et, ne trouvant pas dans cet attachement de quoi remplir le vide qu'il ressentait, il s'élançait vers des sphères inconnues où il cherchait l'idéal d'affections qu'on ne rencontre guère sur cette terre : c'est ainsi qu'il fut amené peu à peu à se créer un monde imaginaire peuplé d'êtres qui répondissent aux élans de son cœur encore dévoré d'une ardeur inextinguible d'aimer. Rien n'est plus beau que ces pages, qui nous apprennent comment il arriva par degrés à cette idéalité. Le fier philosophe avait senti s'amollir son cœur en revenant aux impressions de sa jeunesse, et il nous identifie tellement à sa situation, que l'on se surprend soi-même, en le lisant, à partager les sensations qu'il décrit avec un sentiment si profond et si touchant, et en même temps avec un enchaînement d'idées qui fait de ces pages un chef-d'œuvre de logique. En vérité, je crois que peu d'hommes ont poussé aussi loin que celui-là la magie et les séductions de l'art d'écrire.

C'est à cette époque qu'il entra en lutte avec Voltaire : oui, Jean-Jacques, ce nouvel élu de l'opinion, naguère si timide, osait attaquer en face la plume la plus brillante de son siècle, et de telle sorte, qu'il n'y avait rien à répondre sans s'exposer à une défaite. Dans sa lettre à Voltaire (14) sur son poëme du *Désastre de Lisbonne* (15), Rousseau donne une telle mesure de sa valeur, qu'il n'est plus possible de la méconnaître ; l'hôte illustre de Ferney comprit à qui il avait affaire, se tut (16), mais se vengea plus tard par d'infâmes libelles que tout son esprit peut à peine lui faire pardonner. Que l'on se figure Voltaire, dominant son siècle par l'éclat de son génie, et voyant s'élever tout à coup près de lui un nouveau venu qui n'hésite pas à l'attaquer face à face et de manière à l'ébranler sur le piédestal où l'avait placé l'admiration publique : il faut avouer qu'il y avait là de quoi pousser à l'excès l'irritation d'un homme déjà peu disposé par caractère à supporter les atteintes d'un rival (17) ! Mais, ainsi qu'on le verra plus tard, d'autres causes excitèrent aussi sa colère et son ressentiment.

Les rêveries passionnées de Rousseau donnèrent naissance à ses premiers essais de roman, et peu à peu il vit se former et se grouper tout autour de lui ces personnages charmants qui furent l'idole de son cœur ; il voulut les placer à Vevay, qui était le lieu de naissance de madame de Warens, et au bord du lac vers lequel les souvenirs de sa jeunesse et le désir d'y revenir un jour le rappelaient sans cesse. Au commencement de l'automne de cette année (1756), il eut la visite de la comtesse d'Houdetot qu'il avait rencontrée plusieurs fois déjà chez madame d'Épinay, et avec laquelle il avait fait quelques promenades. L'hiver qui suivit se passa pour lui de la façon la plus douce ; occupé sans cesse de sa création nouvelle, toujours entouré des deux charmantes cousines, on comprend qu'il dut écrire avec bonheur ces deux premières parties de la *Julie*, qui furent complétement terminées pendant cette saison. Bientôt les beaux jours d'un nouveau printemps redoublèrent ses transports, et il continua d'écrire les lettres les plus ravissantes de sa *Nouvelle Héloïse*. Il eut une seconde visite de madame d'Houdetot qui s'était fixée à Eaubonne. Ivre d'amour ou plutôt du besoin d'aimer, bientôt il ne vit plus en elle que *Julie*, et elle vint ainsi réaliser le rêve de sa pensée. Ses visites furent renouvelées ; il les lui rendit, et il s'aperçut que l'attachement qu'il éprouvait pour elle était de l'amour, et de l'amour dans toute sa force et dans toute sa puissance, tel qu'il ne l'avait ressenti jamais. On connaît trop bien ces pages des *Confessions,* pour qu'il faille les rappeler ici : quelle simplicité apparente ; et en réalité quelle passion ! quelle ivresse dans le narré de ces amours ! dans le souvenir de ces heures passées, une belle nuit d'été, sous un acacia tout en fleurs ! Mais ces délices d'un amour non partagé, qui entretenaient chez Rousseau une flamme d'autant plus brûlante qu'elle ne pouvait s'assouvir, excitèrent la jalousie de madame d'Épinay, qui eût voulu conserver, sans doute, pour elle seule les hommages de son hôte et de son ami. Soit par elle, soit par Grimm, qui était alors en Westphalie, où se trouvait aussi Saint-Lambert, ce dernier fut prévenu (18), et les suprêmes illusions du pauvre Jean-Jacques s'évanouirent à jamais. Il accusa madame d'Épinay d'avoir trahi d'innocentes amours, mais ils se revirent et l'affaire en resta là. Il eut en même temps maille à partir avec Diderot, qui voulait à tout prix le tirer de l'Ermitage et le faire revenir à Paris; il alla l'y voir, et les deux philosophes s'embrassèrent. Sur ces entrefaites, Saint-Lambert revint de l'armée, et le refroidissement de madame d'Houdetot fit comprendre à Rousseau qu'il ne devait plus compter que sur les relations de la plus rigoureuse amitié. Elle lui demanda ses lettres qu'il lui rendit; mais elle ne lui remit pas les siennes, disant qu'elle les avait brûlées. On doit croire qu'elle disait vrai : cependant l'une de ces lettres est parvenue jusqu'à nous, et elle est en effet de celles qu'une femme ne peut avoir le courage d'anéantir, et dont Rousseau parle avec tant de feu dans ce passage des *Confessions* (19).

Les fêtes qui eurent lieu à quelque temps de là à la Chevrette, et qui donnèrent à Rousseau l'occasion de composer différents morceaux de musique, apportèrent quelque distraction à ses ennuis. Mais le retour de Grimm les redoubla, et il eut à se plaindre des façons arrogantes de son ancien ami : du reste, si Grimm le ménageait peu, il faut avouer qu'il le lui rend bien, car il n'est pas possible de jeter sur un homme de plus ironiques sarcasmes que ceux dont il l'accable. Et, d'un autre côté, comme il se plaît à rendre justice au noble caractère de Saint-Lambert, à la générosité de ses sentiments! Mais aussi quel contraste entre Grimm et Saint-Lambert!

Je suis arrivé à la rupture de Rousseau avec madame d'Épinay, dont il fait remonter le principe à sa passion pour madame d'Houdetot, mais dont la véritable cause fut l'intervention de Grimm. Les mémoires de madame d'Épinay, la manière dont ils furent rédigés et publiés, ne sauraient jeter d'ailleurs beaucoup de clarté sur cette affaire. Elle avait vu avec mécontentement l'amour de Rousseau pour sa belle-sœur, mais elle n'avait alors contre lui aucun ressentiment, puisqu'elle lui avait proposé de l'accompagner à Genève. Rousseau devait accepter cette proposition : la reconnaissance lui en faisait un devoir. L'on conçoit d'ailleurs qu'il n'eût aucun regret de son refus, lorsqu'il apprit la cause de ce voyage ; mais, que cette cause fût réelle ou non, il n'en avait rien entendu dire avant le jour où madame d'Épinay lui demanda de partir avec elle, et sa réponse fut négative. Il s'expliqua ensuite là-dessus dans une lettre qu'il écrivit à Grimm, ne lui laissant pas ignorer ce qu'il savait des motifs du voyage, et lui mandant qu'il lui paraissait singulier qu'on voulût lui faire accompagner madame d'Épinay, tandis qu'il n'était pas question de lui. Or, il est clair que cette franchise un peu brusque, qui devait, selon lui, le justifier, excita, jusqu'à la plus injuste colère, l'irritation de Grimm, qui ne l'épargna point dans l'esprit de son amie ; ce qui donna lieu au congé qu'il en reçut (20).

J'aurais pu m'étendre sur cette rupture ; si je ne

l'ai pas fait, c'est que je crois qu'elle doit être ramenée à son principe, ou plutôt à sa plus simple expression. Bien des commentaires ont été faits sur cet article, et je crains qu'en ayant voulu l'expliquer à fond, on ne l'ait plutôt compliqué qu'éclairci : c'est ce que je me suis efforcé d'éviter.

CHAPITRE DOUZIÈME.

LETTRE A D'ALEMBERT.

Ayant quitté l'Ermitage le 15 décembre 1757, Rousseau s'établit à Montmorency, dans une petite maison qui lui fut offerte par M. Mathas, procureur fiscal du prince de Condé. Là, il fut en proie à la plus triste situation : tourmenté de maux physiques, inquiet sur les manœuvres de ses ennemis, s'exagérant tout, il tomba dans un affreux découragement. Il allait y succomber peut-être, lorsque parut dans l'Encyclopédie l'article de d'Alembert sur *Genève*. Alors le flambeau de son génie se ralluma, il domina les tourments dont il était assailli, et, en trois semaines, il composa sa *Lettre sur les spec-*

tacles, l'un des ouvrages les plus remarquables qu'il ait produits. Il nous raconte qu'il l'écrivit au milieu de l'hiver dans un pavillon ouvert à tous les frimas, et sans autre feu que celui de son cœur. Quel charme dans cet écrit! Il semble, en le lisant, que l'on voit couler les eaux limpides d'une fontaine, et que l'on entend leur doux murmure. Ce n'est plus l'âpreté fougueuse du *Discours sur l'origine de l'inégalité des conditions ;* ici l'éloquence de Rousseau est devenue persuasive, sans qu'elle ait perdu rien de sa vigueur : on voit qu'il avait écrit déjà les premiers livres de la *Nouvelle Héloïse.* Dans sa préface, datée du 20 mars 1758, il laisse percer les douleurs de son âme; mais rien ne les décèle dans le cours de l'ouvrage : l'écrivain y reste toujours maître de lui-même comme de son sujet. Il attaque le théâtre français avec sa verve accoutumée : il est injuste envers notre scène, et l'on tolère cette injustice. Il s'exprime d'ailleurs sur Molière en termes expressifs : il admire l'élévation de son caractère.

Mais on serait tenté de reprocher au citoyen de Genève ses contradictions, si, déjà, on ne l'avait fait cent fois. Ainsi, au moment même où il venait d'écrire les premières parties de la *Julie,* il reproche au théâtre « de disposer l'âme à des senti-
» ments trop tendres, qu'on satisfait ensuite aux
» dépens de la vertu. Les douces émotions qu'on y
» ressent, dit-il ensuite, n'ont pas elles-mêmes un
» objet déterminé, mais elles en font naître le be-
» soin ; elles ne donnent pas précisément de l'a-
» mour, mais elles préparent à en sentir ; elles ne
» choisissent pas les personnes qu'on doit aimer,
» mais elles nous forcent à faire ce choix » ....
« Quand il serait vrai qu'on ne peint au théâtre
» que des passions légitimes, s'ensuit-il de là que
» les impressions en sont plus faibles, que les effets
» en sont moins dangereux ? Comme si les vives
» images d'une tendresse innocente étaient moins
» douces, moins séduisantes, moins capables d'é-
» chauffer un cœur sensible, que celles d'un amour
» criminel, à qui l'horreur du vice sert au moins

» de contre-poison ! Mais si l'idée de l'innocence
» embellit un instant le sentiment qu'elle accom-
» pagne, bientôt ces circonstances s'effacent de la
» mémoire, tandis que l'impression d'une passion
» si douce reste gravée au fond du cœur. » Il parle
d'ailleurs en termes charmants de la *Bérénice* de
Racine. « Rappelez-vous, monsieur, une pièce à
» laquelle je crois me souvenir d'avoir assisté avec
» vous, il y a quelques années, et qui nous fit un
» plaisir auquel nous nous attendions peu, soit qu'en
» effet l'auteur y eût mis plus de beautés théâtrales
» que nous n'avions pensé, soit que l'actrice (21)
» prêtât son charme ordinaire au rôle qu'elle
» faisait valoir. Je veux parler de la *Bérénice* de
» Racine. Dans quelle disposition d'esprit le spec-
» tateur voit-il commencer cette pièce ? Dans un
» sentiment de mépris pour la faiblesse d'un em-
» pereur et d'un Romain, qui balance comme le
» dernier des hommes entre sa maîtresse et son
» devoir ; qui, flottant incessamment dans une dés-
» honorante incertitude, avilit par des plaintes

» efféminées ce caractère presque divin que lui
» donne l'histoire ; qui fait chercher dans un vil
» soupirant de ruelle le bienfaiteur du monde et
» du genre humain. Qu'en pense le même specta-
» teur après la représentation? Il finit par plaindre
» cet homme sensible qu'il méprisait, par s'inté-
» resser à cette même passion dont il lui faisait un
» crime, par murmurer en secret du sacrifice qu'il
» est forcé d'en faire aux loix de la patrie. Voilà
» ce que chacun de nous éprouvait à la représen-
» tation. Le rôle de Titus, très-bien rendu, eût fait
» de l'effet et eût été plus digne de lui ; mais tous
» sentirent que l'intérêt principal était pour Béré-
» nice, et que c'était le sort de son amour qui dé-
» terminait l'espèce de la catastrophe. Non que ses
» plaintes continuelles donnassent une grande émo-
» tion durant le cours de la pièce : mais au cin-
» quième acte, où, cessant de se plaindre, l'air
» morne, l'œil sec et la voix éteinte, elle faisait
» parler une douleur froide approchant du déses-
» poir, l'art de l'actrice ajoutait au pathétique du

» rôle ; et les spectateurs vivement touchés, com-
» mençaient à pleurer quand Bérénice ne pleu-
» rait plus. Que signifiait cela, sinon qu'on trem-
» blait qu'elle ne fût renvoyée; qu'on sentait d'a-
» vance la douleur dont son cœur serait pénétré ;
» et que chacun aurait voulu que Titus se laissât
» vaincre, même au risque de l'en moins estimer?
» Ne voilà-t-il pas une tragédie qui a bien rempli
» son objet, et qui a bien appris au spectateur à
» surmonter les faiblesses de l'amour? L'événe-
» ment dément ses vœux secrets, mais qu'im-
» porte? Le dénoûment n'efface point l'effet de
» la pièce. La reine part sans le congé du par-
» terre : l'empereur la renvoie *invitus invitam,*
» on peut ajouter *invito spectatore.* Titus a beau
» rester Romain, il est seul de son parti; tous les
» spectateurs ont épousé Bérénice. »

Il soutient avec force, il prouve par des arguments irrésistibles et sans réplique que la pudeur n'est point un préjugé de l'éducation et de la société, mais que c'est un sentiment qui vient de la

nature. « N'est-ce pas la nature, dit-il, qui pare
» les jeunes personnes de ces traits si doux, qu'un
» peu de honte rend plus touchants encore? N'est-
» ce pas elle qui met dans leurs yeux ce regard
» timide et tendre, auquel on résiste avec tant de
» peine? N'est-ce pas elle qui donne à leur teint
» plus d'éclat et à leur peau plus de finesse, afin
» qu'une modeste rougeur s'y laisse mieux aper-
» cevoir? N'est-ce pas elle qui les rend craintives
» afin qu'elles fuient, et faibles afin qu'elles cè-
» dent? A quoi bon leur donner un cœur plus sen-
» sible à la pitié, moins de vitesse à la course, un
» corps moins robuste, une stature moins haute,
» des muscles plus délicats, si elle ne les eût des-
» tinées à se laisser vaincre. » Il combat victorieusement l'objection tirée de l'exemple des bêtes.
« Les animaux, dit-il, ont un cœur et des passions,
» mais la sainte image de l'honnête et du beau
» n'entra jamais que dans le cœur de l'homme.
» Malgré cela, ajoute-t-il, où a-t-on pris que l'in-
» stinct ne produit jamais dans les animaux des

» effets semblables à ceux que la honte produit
» parmi les hommes? Je vois tous les jours des
» preuves du contraire. » ... « Dans leurs amours, je
» vois des caprices, des choix, des refus concertés,
» qui tiennent de bien près à la maxime d'irriter
» la passion par les obstacles. A l'instant même
» où j'écris ceci, j'ai sous les yeux un exemple qui
» le confirme. Deux jeunes pigeons, dans l'heu-
» reux temps de leurs premières amours, m'offrent
» un tableau bien différent de la sotte brutalité que
» leur prêtent nos prétendus sages. La blanche co-
» lombe va suivant peu à peu son bien-aimé, et
» prend chasse elle-même aussitôt qu'il se retourne.
» Reste-t-il dans l'inaction, de légers coups de bec
» le réveillent : s'il se retire, on le poursuit; s'il
» se défend, un petit vol de six pas l'attire encore;
» l'innocence de la nature ménage les agaceries et
» la molle résistance avec un art qu'aurait à peine
» la plus habile coquette. Non, la folâtre Galatée
» ne faisait pas mieux, et Virgile eût pu tirer d'un
» colombier l'une de ses plus charmantes images. »

Il s'exprime en termes touchants sur la grande inclination des Génevois pour les voyages, dont il est lui-même un exemple; il voudrait qu'ils fussent attirés vers leur patrie par des fêtes qui rappelassent celles de Lacédémone.

J'ai relu cette lettre à d'Alembert, que je n'avais pas ouverte depuis vingt ans : j'y ai retrouvé de telles beautés, des passages d'une expression si pleine de tendresse et de force, que j'ai voulu en mettre quelques-uns sous les yeux du lecteur : je crois qu'en lisant ce chapitre il n'aura pas tout à fait perdu son temps.

CHAPITRE TREIZIÈME.

MONTMORENCY.

Comme Rousseau venait de terminer la *Lettre à d'Alembert*, diverses circonstances lui firent supposer que Diderot avait répété quelques confidences qu'il lui avait faites, notamment au sujet de sa passion pour madame d'Houdetot, et il prit, dès lors, la résolution de rompre avec lui. Il crut se conduire à la Montesquieu en mettant publiquement son projet à exécution, s'exprimant sur le compte de Diderot, dans la préface de son ouvrage qui parut l'automne de cette année (1758), de manière à provoquer une rupture. En cela, il eut tort doublement; car Diderot lui avait donné souvent des preuves non équivoques de son amitié, et c'était aussi ce même Diderot qui lui avait ouvert la carrière des lettres, ou du moins qui avait facilité ses débuts en faisant imprimer son premier discours, et en le prônant de toutes parts avec la verve et l'entrain qu'on lui connaît; il avait pu commettre quelque indiscrétion à l'égard des confidences de Rousseau, mais il ne songeait pas à lui nuire : d'ailleurs, malheureux lui-même, le projet d'accabler celui qui se sentait souffrir, quoique d'une autre manière, était aussi loin de son esprit que de son cœur. En second lieu, Rousseau voulant rompre avec son ami, ce n'était pas dans un écrit destiné au public qu'il devait manifester sa résolution. Saint-Lambert le comprit, le lui dit, seulement il le lui dit en termes trop durs et qui n'étaient pas justifiés par ceux de Rousseau. Mais Saint-Lambert aimait Diderot, et il suivit là le premier mouvement d'indignation de son noble cœur; toutefois, ayant revu Jean-Jacques quelque temps après chez M. d'Épinay, à la Chevrette, il lui fit un accueil amical.

Rousseau s'arrangea le mieux qu'il put de sa nouvelle situation ; il avait des relations agréables dans son voisinage, à Saint-Brice, à Groslay, à Montmorency. Il eut l'année suivante (1759) une visite bien inattendue : celle de son ami de Venise, Carrio, qui était alors secrétaire de l'ambassade d'Espagne à Paris ; il retrouva en lui toute son amabilité et son excellent cœur. Vers ce temps, il entra en correspondance avec M. de Lamoignon de Malesherbes, premier président de la cour des aides, qui avait alors la direction de la librairie. Il eut fort à s'en louer, notamment au sujet des épreuves de la *Julie*, qu'il avait terminée cette année-là et envoyée, pour l'imprimer, à Rey, libraire à Amsterdam. Toutefois, M. de Malesherbes en ayant fait faire une édition à Paris du consentement de l'auteur, il y fit retrancher une centaine de pages sans le prévenir ni le consulter ; il eut tort d'en agir ainsi, bien qu'il le fît dans l'intention la plus honnête, et pensant même, en cela, être utile à Rousseau, qui le comprit d'ailleurs et

ne lui en sut pas le moins du monde mauvais gré.
A cette époque M. de Malesherbes lui fit offrir une
part de la rédaction du *Journal des Savants*,
offre qu'il ne crut pas devoir accepter. Jean-Jacques forma, dès lors, le projet de renoncer aux
belles-lettres, et de vivre tout à fait dans la retraite.
Ayant retiré environ mille écus de la *Lettre à d'Alembert* et de la *Nouvelle Héloïse*, il espérait en
obtenir autant de l'*Émile* auquel il travaillait, et
du *Contrat social* qu'il se disposait à terminer
bientôt, ayant abandonné les autres parties de sa
gigantesque entreprise des *Institutions politiques*,
ainsi que son projet d'ouvrage sur la *Morale sensitive*. Il pensait se faire ainsi une rente viagère,
qui, avec ce qu'il tirait de sa copie, suffirait pour
subvenir à son existence et à celle de Thérèse. Il
avait aussi commencé depuis longtemps son *Dictionnaire de musique* qui pouvait toujours devenir
pour lui un passe-temps pendant les moments perdus. C'est vers ce temps que Rey lui donna l'idée
d'écrire ses mémoires, et c'est dans cet endroit

des *Confessions* qu'il s'explique le mieux sur les motifs qui la lui firent accueillir : il se mit donc à rassembler les documents propres à guider sa mémoire dans une semblable entreprise. C'est aussi à cette époque qu'il connut le maréchal de Luxembourg, qui venait passer quelques mois d'été dans sa belle terre de Montmorency. Le maréchal le vint voir après quelques échanges de politesse ; Rousseau lui rendit sa visite, vit la maréchale, en fut charmé, et ces nouvelles relations s'établirent.

Bientôt elles devinrent intimes, et, sans qu'il abandonnât complétement son habitation de Mont-Louis, il accepta un logement dans le petit château qui était situé au milieu du parc de Montmorency. Il fait une charmante description de cette résidence dont il compare l'effet pittoresque à celui de l'*Isola Bella* du lac Majeur : c'est là qu'il écrivit le cinquième livre de l'*Émile*, qui renferme des passages ravissants dont il attribue l'inspiration à l'extase où le plongeaient les délices de sa nouvelle demeure. A l'exception du narré de son séjour à l'île Saint-Pierre, nous ne rencontrerons plus dans les *Confessions* ces pages suaves dictées par le souvenir du bonheur qu'il goûtait au milieu de la nature. Il allait voir presque chaque jour ses nouveaux hôtes, et il devint avec eux sur le pied d'une amitié affectueuse. Mais il était dit qu'une semblable situation ne durerait point, et que Jean-Jacques parviendrait à l'altérer par des maladresses ou des susceptibilités qui ne peuvent s'expliquer que par le fâcheux précédent d'une éducation qui fut loin d'être en rapport avec ses destinées, et par un sentiment d'amour-propre qu'un rien blessait. Ce qu'il y a d'incroyable, ce sont les duretés qu'il disait quelquefois aux gens sans paraître s'en douter : c'est ainsi qu'il semble étonné que Voltaire se plaignît bien haut de la lettre qu'il lui écrivit, le 17 juin 1760, au sujet de l'impression de sa réponse au poëme sur le *Désastre de Lisbonne;* cette lettre, aussi injuste qu'inqualifiable, ne méritait aucune réponse, et Voltaire n'y répondit point. Certes elle ne saurait justifier les libelles qu'il écrivit contre Rousseau, mais elle était assurément digne de son silence et de son dédain.

Il eut cette même année (1760) la visite du prince de Conti, qui lui envoya quelque temps après du gibier tué de sa propre main, ce dont Jean-Jacques se plaignit, déclarant qu'il n'en recevrait plus : il comprit depuis le peu de convenance de son refus et il en convient hautement en nous le racontant. Enfin cette saison se termina par une nouvelle velléité de galanterie qu'il eut heureusement la force d'arrêter dès son début, et qui ne fut plus suivie d'aucune autre.

On s'aperçoit, à la lecture des notes que l'on rencontre souvent dans les dernières parties des *Confessions,* combien l'esprit de l'illustre écrivain se troublait et se tourmentait vers la fin de sa carrière. Ses derniers écrits indiquent cependant qu'il avait encore quelquefois de beaux jours, mais ce n'étaient plus que des lueurs passagères qu'enveloppaient bientôt les plus sombres orages. On voit qu'il relisait souvent ses *Confessions,* et qu'au moyen des notes dont je parle, il cherchait à modifier la portée de ses appréciations, qu'il trouvait alors encore trop favorables aux personnes avec lesquelles il s'était trouvé en rapport. On déplore cette situation de noire mélancolie qui empoisonna si souvent, hélas! les dernières années de l'auteur d'*Émile*, qui ne put jamais trouver le repos après le travail, le calme après les agitations d'une existence incessamment bouleversée. Mais à qui en attribuer la faute? à qui se prendre des maux dont il gémit?

CHAPITRE QUATORZIÈME.

DÉPART.

La *Nouvelle Héloïse,* depuis longtemps attendue, parut enfin au commencement de l'année 1761, et son succès surpassa tout ce que l'on pourrait imaginer. C'est en effet un admirable ouvrage, plein de sentiment, écrit avec la plus exquise délicatesse, et d'une harmonie enchanteresse. Rousseau en parle dans des termes si justes, avec un goût si parfait, il en fait ressortir les nuances d'une façon tellement pénétrante, qu'il n'est possible de dire rien de pareil, rien d'aussi vrai sur son roman.

Il s'étend ensuite sur ses relations avec l'hôtel de Luxembourg, et il donne à ce sujet toutes sortes de détails qui ne sont pas dépourvus d'intérêt, et qui dépeignent bien cette société du dix-huitième siècle que nous avons pu étudier déjà dans les livres précédents. Il s'exprime en termes touchants sur les pertes cruelles qui affligèrent le maréchal de Luxembourg, sur la maladie de son petit-fils, qui, condamné à jeûner par son médecin, était si heureux de venir recevoir de Thérèse quelque bon goûter frugal qu'il dévorait, nous raconte-t-il, avec l'avidité d'un mendiant. Il parle de la manière la plus distinguée de l'abbé de Boufflers, qui savait tout dire avec une grâce exquise. M. de Choiseul vint aussi à Montmorency, connut l'histoire de Venise, et exprima l'intention de rendre à Rousseau un emploi, ce dont il fut touché.

Madame de Luxembourg s'était chargée de faire imprimer l'*Émile* alors complètement terminé, et ce travail fut confié à Duchesne, libraire à Paris, et à Néaulme, à Amsterdam, par suite d'un traité qui donnait à l'auteur une somme de six mille francs, qui, ajoutée à celle de mille francs qu'il eut de Rey pour le *Contrat social*, dépassait les espérances qu'il avait conçues touchant ces deux ouvrages. Cette somme, en effet, à laquelle venait se joindre un millier d'écus qu'il possédait, pouvait permettre à Rousseau de s'assurer une rente viagère suffisante pour lui et Thérèse, à laquelle Rey, il faut le répéter à son honneur, fit en outre une pension de trois cents francs, dont il n'avait jamais été question. Jean-Jacques s'occupait aussi de quelques ouvrages secondaires et du *Dictionnaire de musique*, qui ne parut d'ailleurs que longtemps après, et lorsqu'il fut de retour d'Angleterre.

Mais le temps s'écoulait, et l'impression de l'*Émile* éprouvait des retards continuels, dont l'imagination de Rousseau s'effarouchait (22); il craignait, se sentant faible et souffrant, qu'il ne vînt à mourir avant que son ouvrage eût paru, et qu'on ne lui prêtât, au moyen de changements faits dans son livre, des idées et des sentiments opposés aux siens. Madame de Luxembourg et M. de Malesherbes lui-même s'efforcèrent de calmer ses craintes, et l'impression fut reprise. Seulement on exigea dans les deux premiers volumes quelques changements, mais les deux derniers se terminèrent tels qu'ils avaient été écrits. Le *Contrat social* parut à Amsterdam, et quelques mois après (1762) l'*Émile* fut enfin publié à Paris. Rousseau attendait ce moment pour se retirer en Touraine, et y écrire longuement et délicieusement l'histoire de sa jeunesse. Il ne pouvait en effet choisir une plus charmante retraite, au milieu de campagnes riantes, sous un ciel presque toujours serein, et parmi des habitants dont le caractère affable est si bien en harmonie avec la douceur du climat. Mais l'homme n'est pas toujours maître de sa destinée.

L'*Émile* n'eut point le retentissement des autres écrits de Rousseau, mais il lui attira des hommages particuliers qu'il n'avait point encore reçus, et cela avait parfois un air de mystère qui ne lui laissait d'ailleurs aucune inquiétude, puisque son livre avait été imprimé sous les yeux de madame de

Luxembourg, sur l'appui et l'influence de laquelle il pouvait compter. Il paraît certain que Duchesne avait reçu quelque avertissement dont il ne tint pas compte, pressé qu'il était de continuer son travail, et il est clair (cela résulte de la déclaration de M. de Malesherbes lui-même) que Rousseau s'était toujours opposé à l'édition de Paris (23) : toutefois il ne pouvait ignorer qu'elle se fît, puisqu'il en corrigeait les épreuves qui servaient à établir l'édition d'Amsterdam; ensuite il fallait bien, pour activer celle-ci, réclamer contre les retards de l'autre. Triste exemple de la protection des grands, qui vous abandonnent au moment du péril, après vous avoir engagé dans la voie qui vous y a conduit. Il eût été de beaucoup préférable que madame de Luxembourg ne se fût point mêlée du tout de l'*Émile*, et qu'il eût été simplement imprimé en Hollande par Rey, à qui Rousseau l'avait destiné d'abord (24); on eût au moins laissé l'auteur en repos. Malgré toute sa confiance, il fallut bien qu'il ouvrît enfin les yeux, lorsqu'un avis du prince de Conti, envoyé à la maréchale de Luxembourg au milieu de la nuit du 8 au 9 juin, annonçait qu'il serait arrêté le lendemain. Il dut partir et quitter la France, et il est à croire qu'on ne voulait pas autre chose, car il eût été facile de s'emparer de sa personne. Il se rendit en Suisse, à Yverdun, chez son ami Roguin, et, pendant le voyage, il composa une partie du *Lévite d'Éphraïm*. Le voilà donc de nouveau errant, sans asile, et exposé à toutes sortes d'ennuis. Avec la persistance dont il parle des complots qui l'entourent, il semble croire, en terminant le onzième livre des *Confessions,* qu'en lui annonçant qu'il allait être décrété on avait employé ce moyen de l'éloigner, afin d'exécuter plus facilement les trames dont on voulait l'envelopper (25). Et cependant comment pouvait-il douter de la sincérité de l'avis qu'il avait reçu? Comment pouvait-il en douter encore après la manière dont se conduisirent à son égard les autorités suisses, qui l'expulsèrent quelque temps après du territoire de Berne?

Comment pouvait-il en douter lorsque l'*Émile* fut brûlé de la main du bourreau? Il ne faut point non plus s'exagérer la situation qu'on lui eût faite s'il avait été arrêté (26); il y a lieu de croire qu'on l'eût simplement expulsé pour un temps du territoire français, ainsi qu'il arriva par le fait, puisque ce ne fut qu'en changeant de nom qu'il put rentrer en France quelques années plus tard. Avant que de le suivre dans son nouveau pèlerinage, jetons un coup d'œil sur la *Profession de foi du vicaire savoyard,* qui est le passage principal de l'*Émile,* qui fit condamner le livre et son auteur.

CHAPITRE QUINZIÈME.

PROFESSION DE FOI DU VICAIRE SAVOYARD.

A l'époque où parut l'*Émile*, les croyances religieuses étaient fortement ébranlées. Les philosophes du dix-huitième siècle attaquaient les principes mêmes qui font la base de toute religion, et il y avait contre les abus du fanatisme une réaction qui devenait funeste aux principes les plus sacrés. En écrivant la *Profession de foi du vicaire savoyard*, Rousseau ne fit que suivre ses instincts; il comprit d'ailleurs que, pour lutter contre l'entraînement général qui poussait l'édifice social vers sa ruine, il fallait reconstituer un état de choses qui fût plus en rapport avec les nécessités d'une situation nouvelle, et donner à nos croyances pour soutien le bon sens qui raisonne à la place de la foi prête à succomber. L'athéisme, semblable à l'hydre aux sept têtes, se préparait à tout dévorer, s'il n'eût été arrêté dans son essor par une philosophie rationnelle qui plus tard, en se développant, vint s'appuyer sur la philosophie antique, base inépuisable de la sagesse des nations.

Rousseau examine ce que nous sommes, et il ne voit tout d'abord que ténèbres et mystères impénétrables; le doute s'empare de lui : toutefois il n'y peut rester, cet état de l'âme est trop poignant pour être supporté par un être pensant. Il se met à consulter les livres des philosophes, mais il n'y trouve que contradictions, qu'esprit de parti, et il prend enfin la résolution de rechercher ses propres impressions, ce que peuvent lui dicter les instincts les plus secrets de sa conscience. Il trouve bientôt que la croyance la plus ancienne est la plus vraie, et il arrive à penser que si, après tant de systèmes suivis et combattus, un philosophe moderne fût venu pour la première fois proclamer l'unité divine, ce principe eût été accueilli avec enthousiasme, comme la lumière arrivant après tant d'erreurs. Partant de ce principe, il voit toutes les idées qui s'y rapportent, et les divise en trois catégories distinctes : celles qu'il est indispensable d'admettre comme évidentes; celles dont l'étude approfondie ne présente pas un intérêt immédiat, mais dont la vérité dérive des premières; celles enfin qu'il nous importe peu de connaître, et qui peuvent par conséquent être laissées sans regret dans l'incertitude qui les enveloppe. Il distingue les sensations qu'il éprouve des comparaisons qu'il fait et de ses jugements. Il proclame la différence qui existe entre la matière organisée qui se meut d'elle-même, et la matière proprement dite qui resterait inerte sans une impulsion qu'elle reçoit. Les savantes découvertes de Newton expliquent en effet la théorie des mouvements des corps célestes, mais elles ne sauraient expliquer la cause première de ces mouvements (27). « Que Newton, s'écrie-t-il,

» nous montre la main qui lança les planètes sur
» la tangente de leurs orbites. » Il démontre en
effet que le mouvement ne peut exister sans une
cause qui le produise, en un mot que l'action est
dépendante de la volonté. Tel est le premier
dogme du *Vicaire savoyard.*

Sans s'expliquer comment la volonté produit
l'action, il voit qu'elle la produit en effet, et il ne
peut concevoir le mouvement propre et instantané,
car ce serait admettre un effet sans cause. Il réfute
le matérialisme avec une argumentation lumineuse.
En effet, si le mouvement était inhérent à la matière, il serait identique, il ne se communiquerait
pas. Mais vous l'appelez mouvement nécessaire, et
non essentiel? Il n'est donc nécessaire qu'autant
que l'action motrice se produit. Il démontre le
néant des grands mots de *force universelle;* puis
il conclut, pour second dogme, que si une volonté
fait mouvoir la matière, c'est de plus une intelligence qui dirige ce mouvement selon certaines
lois. « Agir, comparer, choisir, dit-il ensuite, sont

» les opérations d'un être actif et pensant ; donc
» cet être existe. Où le voyez-vous exister ? m'allez-
» vous dire. Non-seulement dans les cieux qui
» roulent, dans l'astre qui nous éclaire ; non-
» seulement dans moi-même, mais dans la
» brebis qui paît, dans l'oiseau qui vole, dans
» la pierre qui tombe, dans la feuille qu'emporte
» le vent. »

Il combat victorieusement cette idée que l'univers est l'œuvre du hasard. Tout en effet s'y trouve coordonné avec un tel ensemble, toutes ses parties sont si bien faites pour s'entr'aider dans leur action, qu'il faut qu'une volonté intelligente y préside, car le hasard ne saurait produire de si merveilleux effets. Ensuite est-il possible d'admettre que la matière ait pu créer des êtres pensants ? Ne faut-il point toujours remonter à une cause nécessaire qui est Dieu ? Et si notre esprit insuffisant ne peut le contempler, ne l'aperçoit-il pas dans son ouvrage ? Ne le sentons-nous pas en nous-même, autour de nous ?

Il reconnaît la situation de l'homme, sa supériorité sur les autres êtres qu'il domine par la force de l'intelligence; mais à côté de l'harmonie de la nature, il ne voit dans l'humanité que désordre et confusion. Il se demande alors ce qu'est devenue la sagesse de la Providence. Ceci le conduit à méditer sur notre nature, et il y découvre deux principes : d'une part, l'amour du bien, de tout ce qui est noble et beau; de l'autre, l'empire des passions qui nous asservissent. Tout en développant cette idée, il frappe de nouveau le matérialisme « qui aime mieux donner le sentiment » aux pierres, que d'accorder une âme à l'homme. » Il sent en lui l'idée du bien et les passions qui l'entraînent au mal; il est donc libre de choisir, de s'élever en résistant à de mauvais instincts. Et ici jaillit l'indice d'une substance immatérielle qui n'existe point chez les animaux n'ayant jamais su se servir du feu, ni admirer le ciel. L'homme est donc libre : tel est le troisième dogme; et, agissant librement, le mal qui en résulte ne saurait être

imputé à la Providence. « Elle ne veut point le
» mal que fait l'homme en abusant de la liberté
» qu'elle lui donne, dit l'auteur d'*Émile*; mais elle
» ne l'empêche pas de le faire, soit que de la part
» d'un être si faible ce mal soit nul à ses yeux,
» soit qu'elle ne pût l'empêcher sans gêner sa li-
» berté et faire un mal plus grand en dégradant sa
» nature. Elle l'a fait libre afin qu'il fît, non le
» mal, mais le bien par choix. Elle l'a mis en état
» de faire ce choix en usant bien des facultés dont
» elle l'a doué; mais elle a tellement borné ses
» forces, que l'abus de la liberté qu'elle lui laisse
» ne peut troubler l'ordre général. Le mal que
» l'homme fait retombe sur lui sans rien changer
» au système du monde, sans empêcher que l'es-
» pèce humaine elle-même ne se conserve malgré
» qu'elle en ait. Murmurer de ce que Dieu ne l'em-
» pêche pas de faire le mal, c'est murmurer de ce
» qu'il la fit d'une nature excellente, de ce qu'il mit
» à ses actions la moralité qui les ennoblit, de ce
» qu'il lui donna droit à la vertu. La suprême

» jouissance est dans le contentement de soi-même;
» c'est pour mériter ce contentement que nous som-
» mes placés sur la terre et doués de la liberté,
» que nous sommes tentés par les passions et re-
» tenus par la conscience. Que pouvait de plus en
» notre faveur la puissance divine elle-même? Pou-
» vait-elle mettre de la contradiction dans notre
» nature, et donner le prix d'avoir bien fait à qui
» n'eut pas le pouvoir de mal faire? Quoi! pour
» empêcher l'homme d'être méchant, fallait-il le
» borner à l'instinct et le faire bête? Non, Dieu de
» mon âme, je ne te reprocherai jamais de l'avoir
» faite à ton image, afin que je pusse être libre,
» bon et heureux comme toi. »

« C'est l'abus de nos facultés qui nous rend
» malheureux et méchants. Nos chagrins, nos sou-
» cis, nos peines, nous viennent de nous. Le mal
» moral est incontestablement notre ouvrage, et le
» mal physique ne serait rien sans nos vices qui
» nous l'ont rendu sensible. N'est-ce pas pour nous
» conserver que la nature nous fait sentir nos be-

» soins? La douleur du corps n'est-elle pas un si-
» gne que la machine se dérange, et un avertisse-
» ment d'y pourvoir? La mort.... Les méchants
» n'empoisonnent-ils pas leur vie et la nôtre? Qui
» est-ce qui voudrait toujours vivre? La mort est
» le remède aux maux que vous vous faites; la na-
» ture a voulu que vous ne souffriez pas toujours.
» Combien l'homme vivant dans la simplicité pri-
» mitive est sujet à peu de maux! Il vit presque
» sans maladies et presque sans passions, et ne
» prévoit ni ne sent la mort; quand il la sent, ses
» misères la lui rendent désirable : dès lors elle
» n'est plus un mal pour lui. Si nous nous conten-
» tions d'être ce que nous sommes, nous n'aurions
» pas à déplorer notre sort; mais, pour chercher
» un bien-être imaginaire, nous nous donnons
» mille maux réels. Qui ne sait pas supporter un
» peu de souffrance, doit s'attendre à beaucoup
» souffrir. Quand on a gâté sa constitution par une
» vie déréglée, on la veut rétablir par des remèdes;
» au mal qu'on sent, on ajoute celui qu'on craint;

» la prévoyance de la mort la rend horrible et l'ac-
» célère ; plus on veut la fuir, plus on la sent ; et
» l'on meurt de frayeur durant toute sa vie, en
» murmurant contre la nature des maux qu'on
» s'est faits en l'offensant. »

« Homme, ne cherche plus l'auteur du mal ;
» cet auteur, c'est toi-même. Il n'existe point
» d'autre mal que celui que tu fais ou que tu souf-
» fres, et l'un et l'autre te vient de toi. Le mal
» général ne peut être que dans le désordre, et je
» vois dans le système du monde un ordre qui ne
» se dément point. Le mal particulier n'est que
» dans le sentiment de l'être qui souffre ; et ce sen-
» timent, l'homme ne l'a pas reçu de la nature,
» il se l'est donné. La douleur a peu de prise sur
» quiconque, ayant peu réfléchi, n'a ni souvenir
» ni prévoyance. Otez nos funestes progrès, ôtez
» nos erreurs et nos vices, ôtez l'ouvrage de
» l'homme, et tout est bien (28). »

« Où tout est bien, rien n'est injuste. La justice
» est inséparable de la bonté ; or, la bonté est l'ef-

» fet nécessaire d'une puissance sans bornes et de
» l'amour de soi, essentiel à tout être qui se sent.
» Celui qui peut tout étend, pour ainsi dire, son
» existence avec celle des êtres. Produire et con-
» server sont l'acte perpétuel de la puissance; elle
» n'agit point sur ce qui n'est pas; Dieu n'est pas
» le dieu des morts, il ne pourrait être destructeur
» et méchant sans se nuire. Celui qui peut tout ne
» peut vouloir que ce qui est bien. Donc, l'être
» souverainement bon, parce qu'il est souveraine-
» ment puissant, doit être aussi souverainement
» juste; autrement il se contredirait lui-même, car
» l'amour de l'ordre qui le produit s'appelle *bonté*,
» et l'amour de l'ordre qui le conserve s'appelle
» *justice*. »

Il proclame que Dieu doit le bonheur à toutes ses créatures et qu'il le leur donne dans une vie nouvelle. En effet, « si l'âme est immatérielle, dit-
» il, elle peut survivre au corps; si elle lui survit,
» la Providence est justifiée. Quand je n'aurais
» d'autre preuve de l'immatérialité de l'âme, que

» le triomphe du méchant et l'oppression du juste
» en ce monde, cela seul m'empêcherait d'en dou-
» ter. Une si choquante dissonance dans l'harmo-
» nie universelle me ferait chercher à la résoudre.
» Je me dirais : tout ne finit pas avec la vie, tout
» rentre dans l'ordre à la mort. J'aurais, à la vé-
» rité, l'embarras de me demander où est l'homme,
» quand tout ce qu'il avait de sensible est détruit.
» Cette question n'est plus une difficulté pour
» moi, sitôt que j'ai reconnu deux substances. Il
» est très-simple que, durant ma vie corporelle,
» n'apercevant rien que par mes sens, ce qui ne
» leur est point soumis m'échappe. Quand l'union
» du corps et de l'âme est rompue, je conçois que
» l'un peut se dissoudre, et l'autre se conserver.
» Pourquoi la destruction de l'un entraînerait-elle
» la destruction de l'autre ? au contraire, étant de
» natures si différentes, ils étaient, par leur union,
» dans un état violent ; et quand cette union cesse,
» ils rentrent tous deux dans leur état naturel : la
» substance active et vivante regagne toute la force

» qu'elle emploie à mouvoir la substance passive
» et morte. Hélas! je le sens trop par mes vices,
» l'homme ne vit qu'à moitié durant sa vie, et la
» vie de l'âme ne commence qu'à la mort du
» corps. »

« Mais quelle est cette vie? et l'âme est-elle im-
» mortelle par sa nature? je l'ignore. Mon enten-
» dement borné ne conçoit rien sans bornes; tout
» ce qu'on appelle infini m'échappe. Que puis-je
» nier, affirmer? quels raisonnements puis-je faire
» sur ce que je ne puis concevoir? Je crois que
» l'âme survit au corps assez pour le maintien de
» l'ordre : qui sait si c'est assez pour durer tou-
» jours? Toutefois, je conçois comment le corps
» s'use et se détruit par la division des parties;
» mais je ne puis concevoir une destruction pa-
» reille de l'être pensant; et n'imaginant point
» comment il peut mourir, je présume qu'il ne
» meurt pas. Puisque cette présomption me con-
» sole et n'a rien de déraisonnable, pourquoi
» craindrais-je de m'y livrer?»

« Je sens mon âme, je la connais par le senti-
» ment et par la pensée ; je sais qu'elle est, sans
» savoir quelle est son essence ; je ne puis raison-
» ner sur des idées que je n'ai pas. Ce que je sais
» bien, c'est que l'identité du *moi* ne se prolonge
» que par la mémoire, et que, pour être le même
» en effet, il faut que je me souvienne d'avoir été.
» Or je ne saurais me rappeler, après ma mort, ce
» que j'ai été durant ma vie, que je ne me rap-
» pelle aussi ce que j'ai senti, par conséquent ce
» que j'ai fait ; et je ne doute point que ce souve-
» nir ne fasse un jour la félicité des bons et le
» tourment des méchants (29). Ici-bas mille pas-
» sions ardentes absorbent le sentiment interne et
» donnent le change aux remords. Les humilia-
» tions, les disgrâces qu'attire l'exercice des ver-
» tus, empêchent d'en sentir tous les charmes.
» Mais quand, délivrés des illusions que nous
» font le corps et les sens, nous jouirons de la
» contemplation de l'Être suprême et des vérités
» éternelles dont il est la source, quand la beauté

» de l'ordre frappera toutes les puissances de notre
» âme, et que nous serons uniquement occupés à
» comparer ce que nous avons fait, avec ce que
» nous avons dû faire, c'est alors que la voix de
» la conscience reprendra sa force et son empire;
» c'est alors que la volupté pure qui naît du con-
» tentement de soi-même, et le regret amer de
» s'être avili, distingueront par des sentiments
» inépuisables le sort que chacun se sera préparé.
» Ne me demandez point s'il y aura d'autres sour-
» ces de bonheur ou de peines; je l'ignore; et
» c'est assez de celle que j'imagine pour me con-
» soler de cette vie, et m'en faire espérer une
» autre. Je ne dis point que les bons seront ré-
» compensés; car quel autre bien peut attendre un
» être excellent, que d'exister selon sa nature?
» mais je dis qu'ils seront heureux, parce que
» leur auteur, l'auteur de toute justice, les ayant
» faits sensibles, ne les a pas faits pour souffrir, et
» que, n'ayant point abusé de leur liberté sur la
» terre, ils n'ont pas trompé leur destination par

» leur faute : ils ont souffert pourtant dans cette
» vie, ils seront donc dédommagés dans l'autre.
» Ce sentiment est moins fondé sur le mérite de
» l'homme que sur la notion de bonté qui me
» semble inséparable de l'essence divine. Je ne
» fais que supposer les lois de l'ordre observées,
» et Dieu constant à lui-même.

« Ne me demandez pas non plus si les tour-
» ments des méchants seront éternels, et s'il est
» de la bonté de l'auteur de leur être de les con-
» damner à souffrir toujours ; je l'ignore encore, et
» n'ai point la vaine curiosité d'éclaircir des ques-
» tions inutiles. Que m'importe ce que deviendront
» les méchants ? je prends peu d'intérêt à leur
» sort. Toutefois j'ai peine à croire qu'ils soient
» condamnés à des tourments sans fin. Si la su-
» prême justice se venge, elle se venge dès cette
» vie. Vous et vos erreurs, ô nations, êtes ses mi-
» nistres. Elle emploie les maux que vous vous
» faites à punir les crimes qui les ont attirés. C'est
» dans vos cœurs insatiables, rongés d'envie, d'a-

» varice et d'ambition, qu'au sein de vos fausses
» prospérités les passions vengeresses punissent
» vos forfaits. Qu'est-il besoin d'aller chercher
» l'enfer dans l'autre vie? il est dès celle-ci dans
» le cœur des méchants. »

Ayant discouru de ces doctrines, il en tire les conséquences toutes naturelles de notre règle de conduite, qui se trouve subordonnée à notre conscience nous indiquant clairement la route que nous devons suivre, et nous montrant la bonne et la mauvaise voie dans toutes les phases de notre vie. Il développe ces conséquences dans des pages d'une admirable logique. Puis il s'écrie : « Con-
» science! conscience! instinct divin, immortelle
» et céleste voix; guide assuré d'un être ignorant
» et borné, mais intelligent et libre; juge infail-
» lible du bien et du mal, qui rends l'homme sem-
» blable à Dieu, c'est toi qui fais l'excellence de
» sa nature et la moralité de ses actions; sans toi
» je ne sens rien en moi qui m'élève au-dessus des
» bêtes, que le triste privilège de m'égarer d'er-

» reurs en erreurs à l'aide d'un entendement sans
». règle et d'une raison sans principe. »

Il entre dans de nouveaux développements et dans des digressions sur divers objets qui se rattachent à son sujet, et notamment sur l'intolérance en matière de religion. Il admire la majesté des Écritures; il est touché de la sainteté de l'Évangile. Il rejette bien loin la comparaison du fils de Sophronisque au fils de Marie. « Si la vie et la mort
» de Socrate sont d'un sage, s'écrie-t-il, la vie et
» la mort de Jésus sont d'un Dieu. »

A l'égard des choses incroyables ou qui répugnent à la raison, il garde un silence respectueux; puis il termine ainsi : « Tant qu'il reste quelque
» bonne croyance parmi les hommes, il ne faut
» point troubler les âmes paisibles, ni alarmer la
» foi des simples par des difficultés qu'ils ne peu-
» vent résoudre, et qui les inquiètent sans les
» éclairer. Mais quand une fois tout est ébranlé,
» on doit conserver le tronc aux dépens des bran-
» ches. Les consciences agitées, incertaines, pres-

» que éteintes, ont besoin d'être affermies et ré-
» veillées; et, pour les rétablir sur la base des
» vérités éternelles, il faut achever d'arracher les
» piliers flottants auxquels elles pensent tenir en-
» core. »

Je ne prétends point juger ici la *Profession de foi du vicaire savoyard;* seulement, je la considère comme l'une des pierres les plus fortement scellées de l'édifice philosophique qui a pris naissance avec la civilisation humaine, et ne s'écroulera que lorsque elle-même disparaîtra de notre univers; et je crois que les dogmes de Rousseau, loin de nuire aux grands principes de la religion, les ont énergiquement soutenus contre la réaction menaçante de son siècle, qui prétendait saper la base même de nos croyances.

CHAPITRE SEIZIÈME.

EXIL.

En commençant le dernier livre des *Confessions*, Rousseau nous entretient encore des noirs complots qui l'environnent, et il le fait avec une apparence de logique qui devait le plonger plus encore dans le dédale de cet affreux labyrinthe où il se perd comme à plaisir.

Il fut bien accueilli à Yverdun, non-seulement par la famille de son ami Roguin, mais aussi par le bailli de cette ville, quoique, sur ces entrefaites, il fût décrété à Genève, et que son livre y fût brûlé. Bientôt, et malgré les instances du bailli, qui eut du moins le courage de le défendre, il dut quitter le territoire de Berne (30), et il vint s'établir à Motiers-Travers, dans le comté de Neufchâtel, au milieu d'un pays qu'on dit charmant. Thérèse vint l'y joindre. Il alla voir à Neufchâtel le gouverneur de cette province, Georges Keith, maréchal d'Écosse, qui lui accorda sa protection et son amitié; et la retraite de Jean-Jacques dans les États prussiens fut accueillie comme elle devait l'être par un esprit élevé tel qu'était Frédéric II. Pendant ce temps, les critiques, les libelles pleuvaient de toutes parts ; mais il laissa dire et se borna à répondre dans les termes qu'on sait au mandement de l'archevêque de Paris. Il était soutenu à Genève par les uns et décrié par d'autres, parmi lesquels on comptait le ministre résident de France. C'est à la suite de ces querelles que parurent les *Lettres de la Montagne,* qui rappellent la verve des *Provinciales.* Parmi les connaissances qu'il fit à Motiers, on doit citer celle de Du Peyrou, Américain, qui devint l'un des hommes à qui il accorda le plus de confiance. Pendant son séjour dans le comté de Neufchâtel, qui ne dura pas moins de trois ans, il apprit la mort du maréchal de Luxembourg (1764), puis celle de la protectrice de sa jeunesse, dont il parle pour la dernière fois dans les termes les plus délicieux et les plus touchants, se souvenant qu'elle l'avait reçu et comblé de bienfaits, plus de trente ans auparavant, pauvre, fugitif et abandonné. Enfin milord maréchal lui-même quitta Neufchâtel pour retourner dans sa patrie, d'où il revint ensuite habiter Berlin près du roi Frédéric. Rousseau eut, l'année suivante (1765), la visite de madame de Boufflers, qui lui parla beaucoup de Hume et de l'Angleterre, et ce fut là le principe du parti qu'il prit, à la fin de cette année, de se retirer dans ce pays. Mais les *Lettres de la Montagne* donnèrent lieu à toutes sortes de rumeurs, et les récriminations ne faisaient que s'accroître. Parmi les libelles qui furent écrits contre Rousseau à cette époque, on remarque celui de Voltaire, qui eut l'indignité de le poursuivre d'une façon ignominieuse au moment même où on l'accablait de toutes parts. Malheureusement Rousseau attribua à Vernes ce pamphlet anonyme, que Voltaire écrivit en trempant sa plume d'or dans la fange la plus immonde, et que les attaques de Jean-Jacques ne sauraient en rien justifier (31). Sur ces entrefaites, traqué par la populace, il fut forcé de quitter Motiers, d'où il se rendit à l'île Saint-Pierre, située au milieu du lac de Bienne.

Il fait une ravissante description de son séjour dans cette île, où il avait pris la résolution de se fixer jusqu'à la fin de sa vie. Ses changements de résidence, l'incertitude des événements lui avaient enlevé une partie de ses épargnes; mais une nouvelle édition de ses œuvres et les bienfaits de milord maréchal assuraient sa subsistance, et après sa mort, celle de Thérèse : ainsi il pouvait, sans plus écrire, être à l'abri du besoin. Que de bonheur il se promettait encore dans son nouveau séjour! A quelles délicieuses rêveries il se laissait aller durant ces promenades sur l'eau qu'il faisait tout autour de l'île ! Quel charme aussi d'aller le matin respirer sur la belle terrasse (32) qui la domine l'air pur de la montagne! On retrouve dans ces pages les traces de la plume éloquente qui a décrit les délices des Charmettes et celles de l'Ermitage. Pourquoi cela ne put-il durer? Il eût du moins trouvé là le calme et le repos. Mais les persécutions continuèrent, et, après deux mois de séjour à l'île Saint-Pierre, il fallut la quitter ainsi que le territoire suisse (33). Nouveau souci et nouveau tourment! Il eut d'abord le projet de se réfugier en Corse, puis à Berlin, et il se rendit en définitive en Angleterre avec l'espérance de trouver enfin un port sûr et à l'abri des tempêtes dans cette vieille terre classique de la liberté (34).

Ici se terminent les *Confessions* de Jean-Jacques-Rousseau : il fut du petit nombre d'hommes qui rencontrèrent des admirateurs enthousiastes et des censeurs implacables; assurément il serait plus juste de suivre à son égard la maxime d'Horace, de l'admirer quand il fut sublime, de le blâmer quand il fut coupable, et de plaindre sa folie; mais le temps n'est pas venu encore où son œuvre sera jugé sans passion et apprécié suivant sa véritable valeur. On s'indigne de sa conduite, on s'irrite de sa misanthropie, et l'on a raison; et cependant on ne désire plus, après avoir lu son livre, oublier l'homme et ne se souvenir que de son génie. Jetons maintenant les yeux sur ses *Rêveries,* qui sont, en quelque sorte, le complément des *Confessions,* et dans lesquelles on le suit encore et avec d'autant plus d'intérêt même, qu'il est sur le point de nous échapper tout à fait; mais pour reparaître avec un nouvel éclat dans ses autres écrits.

CHAPITRE DIX-SEPTIÈME.

LES RÊVERIES DU PROMENEUR SOLITAIRE.

Goëthe a bien raison de dire que la nature est d'une richesse inépuisable. Hier, 28 juin, j'ai passé à Saint-Brice une partie de la soirée sur une terrasse qui domine le paysage d'alentour : le ciel était pur et lumineux, et, quoique le soleil fût déjà couché, ses rayons répandaient encore dans l'atmosphère et sur les coteaux qui bornaient mes regards, une clarté d'une richesse qui me rappelait les splendides couleurs de Claude Lorrain. L'étoile du soir brillait seule au firmament, et tout autour de moi les fleurs s'épanouissaient en exhalant de douces senteurs. J'étais là avec quelques amis, plusieurs aimables femmes entourées de gracieux enfants dont les joies charmaient leurs mères, et je voyais régner parmi eux un sentiment de bonheur que je partageais. Plus tard, je revins vers Montmorency, et j'aperçus au loin les coteaux d'Andilly et la vallée d'Eaubonne ; cette belle contrée me semblait habitée encore comme autrefois : je pensais à Saint-Lambert, à madame d'Houdetot, à madame d'Épinay, à Grimm, à Rousseau, à la maréchale de Luxembourg, en un mot, à cette brillante société du dix-huitième siècle depuis longtemps ensevelie dans la tombe, mais dont le souvenir est toujours si vivant dans notre esprit et dans notre cœur. Bientôt d'autres impressions changèrent le cours de mes idées, et je rentrai dans le monde de la réalité.

On sait que Rousseau arriva en Angleterre au mois de janvier 1766, et qu'il y resta jusqu'au mois de mai 1767, époque où, après un court séjour à Fleury (35), il vint habiter Trye-le-Château, sur les offres du prince de Conti. Sa présence en

France fut alors tolérée à la condition qu'il changerait de nom, et il prit celui de *Renou*. Mais cette exigence ne fut pas de longue durée. C'est pendant son séjour en Angleterre qu'il eut sa grande querelle avec David Hume : c'est là aussi, comme il est dit précédemment, qu'il écrivit les six premiers livres des *Confessions*. Il s'y occupa en même temps de la publication de son *Dictionnaire de musique*, qu'il avait complétement terminé à Motiers, et qui parut au mois de novembre 1767. Sa correspondance au sujet de cet ouvrage avec le libraire Guy, associé et successeur de Duchesne, laisse voir qu'il s'occupait avec minutie des moindres détails relatifs à l'impression de ses écrits. Enfin, après un séjour d'une année à Trye-le-Château, et plusieurs excursions faites à Lyon, à Grenoble, à Bourgoin et à Monquin (36), il vint de nouveau se fixer à Paris (37), où il écrivit la seconde partie de ses Mémoires. Doit-on regretter qu'il en soit resté là et qu'il n'ait pas entrepris d'en écrire la suite? Je ne le pense pas.

Livré aux chimères de son imagination irritée, il nous eût entretenus sans cesse de ses incroyables tourments; il eût abusé sans pitié de la patience du lecteur, qui, ne voulant pas l'abandonner, aurait fini par souffrir lui-même et avec lui en partageant ses ennuis. On en trouve la preuve dans ses *Dialogues*, qu'il composa à peu près à l'époque où il eût écrit la troisième partie des *Confessions*, s'il n'avait renoncé à ce projet. Nous avons souvent déploré et blâmé les erreurs de Rousseau, mais nous devons reconnaître ici qu'il fut doué d'un désintéressement digne des temps anciens. Je sais que par humeur, souvent, il rejetait bien loin les présents qu'on voulait lui faire; mais, dans une circonstance très-sérieuse, lorsque le gouvernement anglais le sachant pauvre désira lui faire une pension, il la refusa malgré les instances qu'on y mit, et les sollicitations dont il fut à cet égard l'objet. On me dira que c'est là de l'orgueil: soit; mais c'est alors un orgueil que l'on rencontre rarement dans ce bas monde. Sans les fantômes de son imagination, qui l'importunaient presque sans relâche, Rousseau eût mené à Paris une vie assez douce. S'occupant de botanique, aimant la promenade, allant applaudir les chefs-d'œuvre de Grétry, puis admirer les débuts pompeux de Gluck, et jouissant, en somme, de la haute réputation qu'il avait conquise et à laquelle il était sensible au plus haut point : il y avait là bien des motifs de joie pour un homme parvenu à l'âge où l'on apprécie aussi, mieux que durant la jeunesse, le sentiment de l'existence et de la vie. O imperfection de notre nature ! sommes-nous donc destinés à nous créer des tourments imaginaires en l'absence de maux réels ! Rousseau avait d'ailleurs des habitudes de vivre qui lui permettaient de subvenir facilement à tous ses besoins au moyen de la rente modique qu'il possédait, et de ce qu'il tirait de sa copie de musique, qu'il n'abandonna jamais. Il eut le tort de négliger toute relation : il était devenu, pour ainsi dire, inabordable, et un rien le froissait ou l'inquiétait jusqu'à l'irri-

tation la plus vive ou la plus sombre tristesse.
Certes, avec une imagination telle que la sienne,
il pouvait parfaitement se suffire; cependant, quelque richement doué que l'on soit par la nature,
notre esprit a besoin de se communiquer, et nous
rencontrons dans nos relations des distractions nécessaires à nos pensées intimes qui, en se repliant
sans cesse sur elles-mêmes, finissent par nous devenir à charge. Toutefois Rousseau retrouvait souvent le sentiment vrai de son être dans ses méditations faites au milieu de la nature, et qui lui
suggérèrent l'idée de mettre sur le papier ce qui
lui venait à l'esprit durant ses promenades; et
c'est ainsi qu'il nous a laissé ses *Rêveries,* qui sont
empreintes du sentiment le plus touchant que l'on
puisse imaginer. Nous l'avons vu tendre, affectueux, bouillant, dans sa jeunesse; puis, dans
l'âge mûr, plein de fougue, d'entraînement et de
passion; maintenant, semblable au chêne qui, sur
son déclin, brave encore les autans, il résiste à
ses contradicteurs avec le calme de la résignation,

car il a renoncé à toute lutte avec eux, et il attend les arrêts du destin. Cependant une étincelle jaillit de cette imagination qui brillait autrefois de mille feux : « Tout doit à la fin rentrer dans l'ordre, » s'écrie-t-il, et mon tour viendra tôt ou tard. » Il écrivit ses *Rêveries* en 1777, et la dernière, qui n'est point achevée, fut tracée au printemps de 1778, c'est-à-dire peu de temps avant sa mort, car il expira le 2 juillet de cette même année, à Ermenonville, où il s'était retiré six semaines auparavant, sur les instances de M. de Girardin. Se sentant peu à l'aise et isolé dans son logement de la rue Plâtrière (38), il avait manifesté le désir de trouver en province quelque asile pour y finir ses jours, lorsqu'une offre bienveillante le replaça une fois encore au milieu des prairies et des bois. Il parut satisfait de son établissement à Ermenonville, où il reçut quelques visites (39) ; il y herborisait et causait volontiers avec ses hôtes et leurs amis. Les circonstances de sa mort sont depuis longtemps parfaitement expliquées ; il est probable que l'idée du suicide fut propagée par Corancez, à qui elle fut reportée tandis qu'il accourait en toute hâte à Ermenonville à la nouvelle de la mort de Rousseau : sur ce qu'on lui apprit, il revint à Paris sans aller jusqu'à la demeure de son ami, disant qu'il ne pourrait supporter un pareil spectacle. Une foule de preuves et notamment les documents laissés par le sculpteur Houdon, qui moula le buste de Jean-Jacques, ont démontré l'absurdité d'un pareil bruit. Mais ne perdons pas de vue les *Rêveries du promeneur solitaire.*

Dans la première, Rousseau expose sa situation et fait connaître son isolement, qu'il attribue aux machinations de ses persécuteurs. Mais, s'étant résigné au sort qu'on lui a fait, il brave désormais leur haine, car, ayant abandonné toute espérance, il n'a plus rien à craindre d'eux. Naguère il avait encore quelque confiance dans l'avenir : il n'attendait plus rien de ses contemporains, résolu d'ailleurs de renoncer au commerce des hommes, quand bien même ils voudraient revenir à lui; mais il se plaisait à espérer qu'une autre génération lui rendrait la justice qui lui est due. Cependant de nouvelles réflexions lui démontrent qu'il ne peut en être ainsi ; que ses ennemis se perpétueront dans les corps dont il a blessé l'esprit, et qu'ils chercheront d'âge en âge à égarer sur son compte l'opinion publique. Voulant donc ne plus vivre qu'en lui-même, il décrira tout ce qui lui viendra dans l'esprit durant ses promenades, ainsi que les incidents qui pourraient se produire. Il écrit toutefois désormais pour lui seul, et en cela j'ai peine à penser qu'il fût constamment dans cette idée : je crois cette déclaration sincère, en ce sens que tel était son sentiment au moment où il l'écrivit ; mais, quoi qu'il dise, je considère qu'il n'est pas possible que l'espérance d'être lu et admiré par la postérité fût complétement éteinte dans son cœur. Il semble devenu complétement indifférent au sort même de ses meilleurs écrits, ainsi qu'à celui de ses *Confessions*, et il doute que les uns et les autres arrivent jamais aux générations futures. Mais ce doute qu'il exprime était certainement parfois appliqué à ses dernières pages, et il indique assez que tout espoir d'une vie immortelle parmi les hommes n'était point perdu pour lui. Et d'ailleurs la pensée ou plutôt le cri de sa conscience, qui lui échappe à la fin de la seconde *rêverie,* en est une incontestable preuve. Il regrette, dans cette seconde promenade, d'avoir autant tardé à mettre sur le papier ses pensées; car il sent que son imagination a perdu de sa force, et il éprouve le désir de revenir en arrière de quelques années et vers ce temps où, ayant pris le parti d'oublier les hommes, il commença de goûter les extases délicieuses dont il portait la cause en lui-même, et que personne au monde ne pouvait lui ravir. Il fait un intéressant récit de l'une de ses promenades de l'année précédente, qui eut lieu le 24 octobre 1776, et durant laquelle il fut renversé, à la descente de Ménilmontant, par un chien danois, qui, courant de toute vitesse, ne put, en l'apercevant, retenir sa course. Les méditations qui précèdent ce récit sont d'une mélancolie douce et triste, et l'on sent s'amollir son cœur au milieu de ces descriptions touchantes des derniers jours de l'automne et des approches de l'hiver : tableau qui correspond si bien aux pensées qu'il exprime. Les sensations qu'il éprouva au moment où il revint à lui, après sa chute, sont presque d'un autre monde, et celles de l'âme qui se sent dépouillée de sa mortelle enveloppe. On regrette que la seconde partie de cette rêverie soit loin de ressembler au début : il y retombe dans ses noirs soucis, et nous fait confidence de ses brusqueries au point qu'on ne saurait la finir, n'était la réflexion précédemment citée qui la termine, et dans laquelle le génie de l'*homme* se réveille soudain comme un éclair qui brille au milieu des plus sombres tempêtes.

CHAPITRE DIX-HUITIÈME.

LES RÊVERIES DU PROMENEUR SOLITAIRE.

(*Suite.*)

Dans sa troisième promenade, Rousseau revient sur sa jeunesse, et nous entretient de son goût pour la méditation et pour les doux loisirs qu'il a toujours regrettés au milieu du tourbillon du monde. Il parle de ses relations avec les philosophes de son siècle, ardents missionnaires d'athéisme dont l'intolérance le choquait, et qui avaient énervé ses croyances. Il attribue une partie de leur animosité contre lui à la résistance qu'il opposait à leurs doctrines. Cependant leurs arguments l'avaient ébranlé, sans toutefois l'avoir convaincu, et ses instincts lui disaient qu'il devait chercher ailleurs la vérité qui lui échappait. Après bien des méditations et des retours sur lui-même, il arriva enfin à établir des principes qui lui semblèrent rationnels, et qui se trouvèrent d'accord avec les impressions de son enfance et les vœux secrets de son cœur; et toutes ces réflexions donnèrent naissance à la profession de foi du Vicaire savoyard, à laquelle il se tint toujours, malgré des objections qu'il lui importait peu de résoudre. Les principes qu'il adopta devinrent pour lui une douce consolation dans l'adversité. Cependant des réflexions nouvelles le jettent encore parfois dans le doute, en donnant en même temps plus de force aux objections précédentes, et ce doute devient alors le désespoir. Mais, réfléchissant qu'il était arrivé au parti qu'il avait pris à un âge où son esprit était dans toute sa force et dans toute sa vigueur, il renonce à revenir sur les raisonnements qui l'avaient amené alors aux idées qu'il avait adoptées, et qui ne pouvaient être ébranlées maintenant par sa raison sur son déclin. Cette troisième promenade est peut-être la plus remarquable de toutes; les horreurs du doute y sont exprimées d'une manière saisissante, et l'on y suit les traces de la lutte que Rousseau ne cessa de soutenir contre ses adversaires, même lorsqu'il avait renoncé depuis longtemps à eux, et qu'il se trouvait seul avec lui-même. Il nous a laissé voir souvent qu'il était enclin à la vie contemplative, et peut-être n'aurait-il jamais produit la plupart de ses écrits, s'il n'eût été aiguillonné par le désir ardent d'anéantir des idées contraires aux siennes et de foudroyer ses contradicteurs. La dispute l'entraîne et l'élève à une force d'argumentation à laquelle rien ne saurait résister, et il est plus terrible encore lorsqu'il riposte que lorsqu'il attaque.

Dans sa quatrième promenade, il examine sa véracité, et établit ce qui distingue le mensonge de la fiction. Il s'accuse de nouveau de la faute qu'il commit dans sa jeunesse en perdant une pauvre fille innocente (40), et il attribue à un sentiment de mauvaise honte le mensonge odieux dont il se

rendit coupable envers elle et envers lui-même. Il reconnaît ensuite que, dans la conversation des cercles, la crainte de n'avoir rien à dire ou le désir de plaire lui ont fait souvent raconter des choses qui n'étaient pas, mais qui, n'ayant d'intérêt pour qui que ce soit, ne sauraient être considérées comme autre chose que des fictions faites à plaisir. Il développe avec un art infini et une argumentation suivie de la façon la plus logique et la plus lumineuse les diverses idées de vérité, de mensonge et de fiction ; mais il est injuste à l'endroit du *Temple de Gnide*. Il parle de la sincérité de ses *Confessions*. « Oui, je le dis et le sens avec une fière élé-
» vation de l'âme, j'ai porté dans cet écrit la bonne
» foi, la véracité, la franchise aussi loin, plus loin
» même, au moins je le crois, que ne fit jamais
» aucun autre homme ; sentant que le bien sur-
» passait le mal, j'avais mon intérêt à tout dire, et
» j'ai tout dit. Je n'ai jamais dit moins ; j'ai dit
» plus quelquefois, non dans les faits, mais dans
» les circonstances ; et cette espèce de mensonge

» fut plutôt l'effet du délire de l'imagination qu'un
» acte de volonté ; j'ai tort même de l'appeler men-
» songe, car aucune de ces additions n'en fut un.
» J'écrivais mes *Confessions* déjà vieux, et dégoûté
» des vains plaisirs de la vie que j'avais tous ef-
» fleurés, et dont mon cœur avait bien senti le
» vide. Je les écrivais de mémoire ; cette mémoire
» me manquait souvent ou ne me fournissait que
» des souvenirs imparfaits, et j'en remplissais les
» lacunes par des détails que j'imaginais en sup-
» plément de ces souvenirs, mais qui ne leur étaient
» jamais contraires. J'aimais à m'étendre sur les
» moments heureux de ma vie, et je les embellis-
» sais quelquefois des ornements que de tendres
» regrets venaient me fournir. Je disais les choses
» que j'avais oubliées comme il me semblait qu'elles
» avaient dû être, comme elles avaient été peut-être
» en effet, jamais au contraire de ce que je me
» rappelais qu'elles avaient été. Je prêtais quel-
» quefois à la vérité des charmes étrangers, mais
» je n'ai jamais mis le mensonge à la place pour

» pallier mes vices ou pour m'arroger des vertus.
» Que si quelquefois sans y songer, par un mou-
» vement involontaire, j'ai caché le côté difforme
» en me peignant de profil, ces réticences ont
» bien été compensées par d'autres réticences plus
» bizarres, qui m'ont souvent fait taire le bien
» plus soigneusement que le mal. » Il termine en
racontant deux anecdotes de sa jeunesse avec ce
charme qui, dans les plus petites choses, ne l'a-
bandonne jamais.

Si la troisième promenade est la plus remarquable du recueil, la cinquième est la plus délicieuse. Je crois en effet que Rousseau n'a écrit
rien de plus ravissant : c'est une nouvelle description de l'île Saint-Pierre et le narré de son séjour
dans ce site charmant. Rien n'est plus suave que
les méditations qui accompagnent son récit : il
semble que l'on est soi-même, en lisant ces pages,
au milieu des bocages de l'île, et que l'on voit tout
autour de soi cette belle nappe d'eau transparente
entourée de ses pittoresques rivages. Je me sou-

viens de la sensation que me fit autrefois cette lecture, qui a conservé pour moi tout son charme et toute sa fraîcheur : elle fut telle, que je formai sur l'heure le projet d'aller visiter cette île enchantée. J'y savourai dans toute leur plénitude les impressions que donnent en même temps le souvenir et la réalité, et j'éprouvai au milieu de cette nature vive et souriante des jouissances qui laissent bien loin les bruyants plaisirs du monde, et les folles prétentions de ceux qui aspirent aux honneurs et au pouvoir.

CHAPITRE DIX-NEUVIÈME.

LES RÊVERIES DU PROMENEUR SOLITAIRE.

(*Suite.*)

Rousseau examine, dans la sixième promenade, son penchant naturel à la bienfaisance, qui a été modifié souvent par la contrainte ou le devoir qu'elle impose. Un de ses plus doux plaisirs fut de faire le bien en secourant les malheureux ou en rendant service à autrui. Mais il a senti son cœur se serrer en voyant l'abus qu'on faisait de son bon vouloir, et dès lors les douces jouissances qu'il éprouvait à venir en aide à ceux qu'il pouvait secourir se sont évanouies. Cette rêverie est moins remarquable que les précédentes, mais elle a également un vif intérêt en ce qu'elle nous révèle plus encore l'homme que nous avons cherché à bien connaître ; on y remarque des indices de bonté et de faiblesse qui concordent bien avec ce que nous avons pu remarquer précédemment du grand écrivain ; et puis, en étudiant Rousseau, on étudie l'humanité.

Dans la promenade suivante, il nous fait part de son goût vif pour la botanique, qui, à l'âge de soixante-cinq ans, lui est revenu avec plus d'ardeur que jamais. La rêverie, qui avait eu pour lui tant de charme, finit par le jeter dans des idées tristes, dont il fut tiré par la contemplation de la nature ; et, après l'avoir si souvent admirée dans son ensemble, il a voulu la connaître dans ses détails : de là s'est développée sa passion pour l'étude des plantes, qui lui donne des jouissances aussi vives que pures. Il reproduit et développe dans la huitième promenade les idées émises dans la première.

Dans la neuvième, à propos de l'éloge de madame Geoffrin par d'Alembert, il revient sur les déplorables raisonnements qui l'engagèrent à abandonner ses enfants. Il pense qu'on en eût fait ses plus cruels ennemis. Il aurait dû réfléchir au moins, le malheureux, qu'un fils élevé par ses tendres soins eût été le plus zélé défenseur de sa mémoire ! Cette promenade se termine par de charmants récits de la rencontre qu'il fit au bois de Boulogne d'une vingtaine de jeunes filles auxquelles il distribua des oublies, et d'un autre don fait à une époque bien antérieure à de petits Savoyards, lors d'une fête à la Chevrette. Enfin, l'on y distingue sa rencontre touchante avec un invalide au passage de la rivière, tandis qu'il se rendait à l'île aux Cygnes.

La dixième promenade est le dernier vestige de l'âme de Jean-Jacques; ainsi qu'il a été dit précédemment, elle fut écrite très-peu de temps avant sa mort. Il se souvient que, cinquante ans auparavant, le jour de Pâques fleuries, il connut pour la première fois madame de Warens, et il rappelle avec une grâce enchanteresse le temps qu'il passa près d'elle. Cette dernière rêverie ne fut point achevée, et l'on voit que la pensée de Jean-Jacques se trouva suspendue par l'impitoyable Parque qui trancha le fil de cette vie douloureuse. Ainsi que je l'ai rappelé, il termina sa carrière, le 2 juillet 1778, à Ermenonville, où il avait paru goûter quelque calme et quelque repos. Sorti ce jour-là de grand matin à son ordinaire pour aller herboriser, il était revenu chez lui à l'heure du déjeuner. Quelques instants après, il se sentit souffrir de douleurs de tête, et madame de Girardin ayant appris qu'il se trouvait mal, se rendit près de lui ; mais, tout en lui exprimant sa reconnaissance des bontés qu'elle lui témoignait, il manifesta le désir de rester seul avec sa femme, afin qu'elle lui donnât les soins que réclamait sa situation. Elle se retira donc, et Rousseau demeura seul avec Thérèse. Ayant fait ouvrir les fenêtres de sa chambre, il exprima sa joie de voir encore une fois de la verdure, puis ses idées se reportèrent vers Dieu, sur sa grandeur et sur sa bonté. Bientôt les douleurs qu'il ressentait l'obligèrent à se jeter sur son lit, et, peu de temps après, s'étant levé, il tomba tout à coup à terre en rendant le dernier soupir. Ayant manifesté le désir d'être inhumé dans le parc d'Ermenonville, M. de Girardin lui fit rendre les derniers devoirs dans l'île des Peupliers, où fut déposé son corps (41). Ainsi s'éteignit l'une des plus vives lumières de l'humanité.

CHAPITRE VINGTIÈME.

PÈLERINAGE AUX CHARMETTES.

En écrivant les chapitres qui précèdent, j'avais formé le projet d'aller visiter les *Charmettes*, et je me félicite d'avoir pu l'accomplir en compagnie de mes excellents amis Alphonse *** et Henri ***. Partis, le 14 août, de Berne, où nous avons reçu la plus cordiale hospitalité du comte S***, attaché à notre légation, et l'un des hommes les meilleurs qui se puissent voir, nous nous sommes dirigés vers l'Oberland, traversant le lac de Thun et visitant la vallée de Lauterbrunn, où la cascade de *Staubbach* tombe aux pieds de la *Jungfrau*. Cette vallée est une des plus pittoresques de la Suisse, et en la parcourant on aperçoit à chaque détour les majestueux glaciers du *Wetterhorn* (42), de la *Jungfrau* et du *Breithorn*. La cascade s'élance d'une hauteur prodigieuse, et il semble que ses eaux disparaissent dans l'espace pour tomber enfin en pluie fine et pénétrante. Nous étions favorisés par un beau temps, et, à part quelques nuages qui venaient parfois nous dérober la cime de la *Jungfrau*, le ciel était serein comme en Italie. Après avoir admiré cette partie des Alpes, nous avons suivi notre itinéraire par Fribourg (43), nous dirigeant vers Vevay et le lac de Genève. En quittant Fribourg, dont les ponts suspendus sont d'un effet merveilleux, nous suivions de loin la vallée de la Sarine, environnée de montagnes couvertes d'une riche végétation ; bientôt nous arrivâmes à Bulle, où nous quittâmes la vallée, laissant à notre gauche le *Molesson* et la petite ville de Gruyère ; puis, vers le soir, au moment du baisser du soleil, nous étions à Châtel-Saint-Denis, point le plus élevé du plateau qui domine le lac de

Genève. Quel tableau se déroula tout à coup à nos yeux! quelle nature splendide! Nous vîmes tout d'abord vers la vallée du Rhône les pics du Mont-Blanc, se détachant sur le ciel de la façon la plus nette et la plus saisissante; nous avions à notre gauche le vallon de la Vevaise, sombre et profond comme le *Val d'Enfer*, et plus loin la *Dent de Jaman*, les *Diablerets* et la *Dent de Morcles*, qui appartiennent à la chaîne des hautes Alpes; devant nous se développaient les rochers de Savoie baignés par les eaux du lac, qui s'étendait à perte de vue vers notre droite. Ce magnifique panorama était éclairé par un coucher de soleil d'Orient : je ne vis jamais dans nos climats du Nord des teintes aussi vives ni aussi éclatantes, et nulle part le lac Léman ne présente dans son ensemble, ni dans ce qui l'entoure, une situation pareille à celle-là. Après avoir joui de ce spectacle enchanteur, qui restera longtemps gravé dans notre mémoire, nous descendîmes au bord du lac, à Vevay, lieu de naissance de madame de Warens, et qui aussi vous vit naître, belle Julie; et, en contemplant Clarens, les trois voyageurs regrettaient de ne plus trouver dans leurs propres cœurs assez de sentiment et de jeunesse pour vous offrir des vœux dignes d'eux et de vous-même. Notre soirée se termina par une promenade dans un jardin qui s'avance sur les eaux du lac, et les rayons de la lune nous laissaient voir des barques qui voguaient çà et là, légèrement pressées par une douce brise venant de l'est.

Le lendemain, de bonne heure, nous traversâmes le lac dans une petite embarcation dont les voiles s'enflaient au vent, et, après une heure et demie de navigation, nous débarquions sur la rive de Savoie. Là, nous fîmes une promenade charmante en suivant la route d'Italie, dans la direction de l'embouchure du Rhône. Cette rive méridionale du lac est escarpée et présente des aspects et des points de vue d'une grande beauté : l'on voit de là, admirablement, le développement des montagnes qui descendent vers le Rhône avant son entrée dans le lac, et surtout les pics des *Diablerets,* dont l'aspect est imposant au dernier point. Nous rejoignîmes ensuite notre bateau, et, pendant notre retour vers Vevay, nous aperçûmes au fond de la vallée du Rhône les cimes neigeuses du mont *Combin* et du *Vélan,* que quelques nuages nous avaient dérobés dès le matin. Bientôt le bateau à vapeur nous entraîna vers l'autre extrémité du lac, et, après avoir admiré les rives charmantes du pays de Vaud et le Mont-Blanc, qui apparaissait à tout instant entre les montagnes du Chablais, nous arrivâmes le soir à Genève. Nous fûmes charmés de l'aspect de cette ville, qui s'agrandit et s'embellit sans cesse, et, après l'avoir parcourue, nous fîmes plusieurs jolies promenades aux environs : à Ferney, au confluent du Rhône et de l'Arve, à Carouge, etc. Je ne connais rien de si gai que la campagne qui entoure Genève ; ce sont de toutes parts de délicieuses habitations et des lieux de réunion et de plaisir. Il y a là dans l'air que l'on respire je ne sais quel charme séduisant qui attire le voyageur. On sait qu'une statue en bronze a été élevée à Jean-Jacques dans une petite île qui n'est séparée de la ville que par un pont suspendu. Cette statue, œuvre de Pradier, est remarquable. Quant à l'île, elle est plantée de beaux arbres, et l'on vient s'y asseoir pour respirer la fraîcheur du lac pendant la belle saison. La maison où est né Rousseau n'existe plus ; elle a été remplacée par une maison neuve de belle apparence, et qui porte l'inscription suivante :

ICI EST NÉ

JEAN-JACQUES ROUSSEAU,

LE XXVIII JUIN MDCCXII.

La rue où elle est située, large et spacieuse, se trouve dans la direction de la France, et porte le nom de l'auteur du *Contrat social*. Genève était le point de station d'où nous devions nous rendre aux *Charmettes*, mais l'aspect du Mont-Blanc, sans cesse renaissant sous nos yeux, nous engagea à allonger notre itinéraire en allant visiter la vallée de Chamounix ; et remettant de quelques jours le plaisir de voir l'habitation champêtre de madame de Warens, nous voilà faisant route vers les glaciers de Savoie qui séparent cette province de l'Italie.

La vallée de Chamounix est peut-être la plus admirable parmi celles qui sont formées par les Alpes. Elle s'étend du sud-ouest au nord-est, depuis le village d'Ouches jusqu'au col de Balme ; elle se trouve pour ainsi dire enfermée au milieu des montagnes, et les champs cultivés de Chamounix sont comme l'oasis au milieu du désert. Si l'on en croit les traditions locales, la vallée de Chamounix a commencé à être habitée vers le douzième siècle, mais il n'y a guère plus de cent ans qu'elle est connue et visitée des voyageurs : ce furent deux Anglais qui y pénétrèrent les premiers en 1741 ; ayant entrepris d'entrer dans ces contrées sauvages dont les abords annoncent les derniers bouleversements de la nature, quel ne fut pas leur étonnement de trouver, après des passages réputés infranchissables, une vallée cultivée par d'honnêtes habitants, chez lesquels avaient pénétré depuis longtemps les bienfaits de la religion ! Dès lors Chamounix appela l'attention des touristes ; les voies de communication s'établirent, et cette intéressante vallée est devenue un lieu justement renommé, où l'on peut passer des semaines entières lorsque l'on aime à parcourir les montagnes. Bornée au sud-est par la chaîne du Mont-Blanc, et au nord-ouest par le Brevent, la Flegère, les Aiguilles-Rouges et les Montets, elle est parcourue par le torrent de l'Arve, qui prend sa source au col de Balme, traverse Chamounix et poursuit son cours rapide à travers les gorges resserrées d'Ouches, de Servoz et de Chède, pour se répandre ensuite au delà de Sallanches et de Cluse dans une belle et pittoresque vallée, et venir enfin à Genève grossir et troubler les eaux du Rhône, qui sont au sortir du lac du plus beau bleu d'azur qui se puisse imaginer, tandis que l'Arve s'échappant de toutes parts des glaciers et des moraines, a dans tout son cours une teinte jaunâtre qui devient presque celle du Rhône, lorsque les deux cours d'eau se trouvent réunis.

Partis de Genève dès le matin, nous arrivions à onze heures à Sallanches, remontant le cours de l'Arve ; et c'est surtout à partir de ce point que la vallée offre ses plus magnifiques aspects. De Sallanche même on remarque tout en face de soi le mont Varens, qui se développe à l'est ; puis dans le fond du paysage, entre l'Arve et le *Val Montjoie,* se présente le Mont-Blanc dans sa majesté et sa magnificence : on a devant les yeux le dôme (44) et l'aiguille du *Gouté* surmontés par le dernier sommet du géant des Alpes, et un peu sur la droite l'aiguille de Bionassey. Rien n'est plus imposant que ces pics couverts de neige se dessinant sur un ciel azuré et d'une pureté, d'une limpidité uniques. Comme tout est harmonie dans la nature ! ces teintes de neige d'un blanc mat qui ressortent sur le bleu du ciel; ces rochers et ces glaciers qui se trouvent si bien encadrés de belles montagnes couvertes de forêts et de pâturages, et qui forment des premiers plans dont le rapport est si parfait avec tout ce qui frappe notre regard enchanté ! C'est surtout en arrivant au pont *le Pelissier* que cette pensée me frappa (45). Rien n'est en effet plus saisissant que la vue de l'Arve et des montagnes qui forment ses bords lorsque l'on s'arrête sur ce pont; la rivière fait des sinuosités qui suivent les pentes des rochers parsemés de sapins jusqu'à une hauteur prodigieuse, et le fond du tableau se termine par le dôme du *Gouté,* qui semble tout près de là : ce paysage est assurément l'un des plus délicieux qu'il soit donné à l'homme de contempler. On a trouvé dans les environs des vestiges qu'on a attribués au passage de l'armée d'Annibal : on peut en effet admettre qu'ayant remonté l'Arve pour chercher un passage à travers les Alpes, il abandonna ce torrent, qui l'eût conduit vers les pics infranchissables du Mont-Blanc, et se jeta dans le *Val*

Montjoie, d'où il traversa le petit Saint-Bernard pour descendre dans le *Val d'Aoste*, se précipitant sur l'Italie, semblable à l'avalanche qui brise ou renverse tout ce qui s'oppose à sa marche impétueuse.

Arrivés dans la vallée de Chamounix vers le soir, nous avons pu contempler longtemps encore avant l'obscurité le développement de la chaîne du Mont-Blanc, car nous voyions alors tout près de nous cette masse immense de pics de neige, d'aiguilles menaçantes et de glaciers descendant jusque dans la vallée ; et, après le coucher du soleil, lorsque le fond du vallon était déjà plongé dans les ténèbres, nous admirions encore les pics les plus élevés éclairés par ses derniers rayons, qui leur donnaient une délicieuse teinte de rose. Un peu plus tard, nous remarquâmes un phénomène de lumière qui tient à la structure des montagnes : la lune paraissait à peine vers le couchant, et ses rayons, glissant derrière les aiguilles gigantesques qui sont à gauche du dôme et se répandant sur le glacier qui s'étend du Mont-Blanc jusqu'au Montanvert, venaient se refléter vers le lieu appelé le *Chapeau*, et nous laissaient voir éclairée la partie inférieure de la mer de glace : il y avait quelque chose de mystique dans le contraste de cette douce clarté avec l'obscurité profonde qui ensevelissait les parties de montagnes se dérobant à la lumière. Il serait merveilleux de parcourir à cette heure de la nuit ce vallon de glace qui se trouve dans l'intérieur des montagnes, mais une pareille entreprise est au-dessus des forces de l'homme, à qui la Providence semble avoir dérobé les sombres horreurs de la nature. On peut faire aux environs de Chamounix toutes sortes d'excursions dont l'idée seule attire et séduit le voyageur; nous nous sommes bornés à explorer au Montanvert la mer de glace, formée de deux glaciers qui se réunissent au bas du pic appelé le *Tacul*. On peut poursuivre cette excursion jusqu'au *Jardin*, vert gazon isolé au milieu du glacier : l'on voit de ce point la réunion des deux torrents de glace, qui présentent d'énormes aspé-

rités semblables aux vagues d'une mer en furie.
Cette nature est à la fois imposante, gigantesque,
sublime dans son ensemble et dans ses effets; et
cependant, lorsque vers le soir on regagne la vallée, on retrouve avec bonheur les doux ruisseaux
qui rafraîchissent la prairie, et les champs cultivés
qui révèlent une contrée habitée. Le coucher du
soleil fut tout aussi beau que la veille, et nous
avons pu en suivre les phases, appuyés sur la balustrade du pont de Chamounix.

De retour à Genève, nous reprîmes notre route
vers les Charmettes. Au sortir de la ville et près de
Carouge est le village de Bossey, caché par un pli
de terrain; puis l'on aperçoit bientôt sur la droite
le joli village de **Confignon** (46), entouré de vergers et d'ombrages : nous traversions ce riant
paysage où Jean-Jacques erra pendant plusieurs
jours lorsque, dans sa jeunesse, il prit la résolution de ne plus rentrer à Genève. Quelques heures
après, nous étions à **Annecy**, jolie petite ville de
Savoie où l'on voit encore, près de l'évêché, la

maison qui fut habitée par madame de Warens, ainsi que sa petite campagne de Verrière, située près du lac, dont les eaux calmes et limpides sont entourées de vertes montagnes ; et l'on conçoit que cette jeune femme au caractère aimable et enjoué dut choisir sa résidence vers ce pays-là. Arrivés à Aix, nous nous rendîmes à Chambéry et aux Charmettes.

Cette douce retraite est au sud-est de la ville, et l'on y arrive par une rampe assez longue plantée de beaux arbres et bordée d'une haie dans laquelle j'aperçus une branche de pervenche que je pris avec moi. Après vingt-cinq minutes de marche, nous aperçûmes enfin un pavillon d'apparence modeste, mais d'une jolie structure quoique très-simple, qui s'élevait devant nous un peu au-dessus et à droite du chemin que nous suivions. C'étaient les Charmettes. Bientôt nous étions à l'entrée de la demeure de madame de Warens, et, reçus par un hôte aimable, nous voilà parcourant le jardin, la terrasse et les appartements. Que de charmants souvenirs au milieu de cette habitation où tout a été conservé dans sa simplicité première ! Le jardin est toujours là, où Rousseau travaillait le matin au retour de la promenade, en attendant le réveil de sa bienfaitrice. La chambre de Jean-Jacques regarde le nord-est, et il se trouve à côté un cabinet où il avait coutume d'étudier. Quant à celle de madame de Warens, séparée de la première par un petit corridor, elle a deux fenêtres sur le nord-ouest et une troisième au nord-est, tout cela dans une situation gaie et charmante. Ce ne sont plus les mêmes meubles, mais c'est toujours le même plancher de sapin, et Rousseau pourrait encore aujourd'hui baiser les traces de celle qu'il aimait à la fois plus qu'une mère et plus qu'une maîtresse. Lorsqu'on parcourt la maison, le jardin, la vigne qui s'élève sur le coteau, et qu'on se rappelle les passages des *Confessions* où Jean-Jacques raconte tout son bonheur des Charmettes avec ce sentiment exquis que lui seul possède, il est impossible de n'être pas touché jusqu'au fond du cœur. En 1793, Hérault de Séchelles, commissaire de la république française en Savoie, fit apposer sur la façade du pavillon une inscription en vers (47) qu'on a attribués à madame d'Épinay. Il est permis de douter qu'elle en soit l'auteur : quoi qu'il puisse être, je préfère l'inscription de Genève.

Nous restâmes aux Charmettes jusqu'après le soleil couché, puis nous revînmes à Chambéry et de là à Aix, après avoir fait nos adieux au sanctuaire du génie et de la plus tendre liaison qui fut jamais. Le lendemain, ayant traversé le joli lac d'Aix, dont les eaux limpides sont presque aussi bleues que celles du Léman, nous rentrions en France en suivant les bords riants du beau fleuve que nous avions quitté à Genève, et en touchant aux riches coteaux de Nuits et de Volnay. Ainsi fut terminé notre pèlerinage.

jusqu'au fond du comté. En 1875 , Hérault de Séchelles, commissaire de la république française en Savoie, et apposer sur le bocle de position une inscription en vers français qui a été inscrite dans cl'après, il est permis de douter qu'elle en soit l'auteur; quoi qu'il passe cres, je puis en l'inscription de Gadyas à la berthe du Mont Nous sortions sur Charmelles, jusqu'après le soleil couché, puis nous passames à Chambéry et de la à dix . après avoir fait quelques lieux, ne sommes dispersent de la plus tendre liaison qui fut jamais. Le lendemain, ayant traversé le joli lac d'Aix, dont les eaux limpides sont presque aussi limons que celles de Léman, nous retinmes en France en suivant les bords riants du bon fleuve que nous avions quitté à Genève, et en touchant aux riches côteaux de Nuits et de Cluny. Ainsi fut terminée notre pélerinage.

NOTES.

(1) Grimm, tout en cherchant à jeter du ridicule sur les six premiers livres des *Confessions*, ne conteste en aucune façon la sincérité de Rousseau.

(2) En 1529.

(3) Une note qui se trouve dans plusieurs éditions des *Confessions* porte que Rousseau lui fit sur son revenu, en 1767, une rente de cent livres, qu'il lui paya toujours, même dans ses plus grandes détresses, avec une exactitude religieuse. — Je remarque en effet dans une lettre qu'il écrivait, le 17 février 1768, au libraire Guy, successeur de Duchesne, la phrase suivante : « J'ai une
» bonne tante, bien vieille et bien respectable, à qui je
» dois une petite rente de cent francs; mandez-moi s'il
» ne serait pas incommode à madame Duchesne que j'as-
» signasse cette rente à tirer sur elle, tant qu'elle sera
» dans le cas de me payer la mienne. »

(4) Cette idée est également exprimée dans la seconde lettre à M. de Malesherbes.

(5) La petite ville de Nyon est adossée à une terrasse d'où l'on découvre le lac dans toute son étendue, depuis Genève jusqu'au château de Chillon. C'est un panorama unique !

(6) M. de la Martinière, secrétaire de M. de Bonac, pria Rousseau de mettre par écrit le récit qu'il avait fait à l'ambassadeur, et cette pièce a été conservée et publiée. L'authenticité en a été contestée; toutefois on y retrouve tellement le cachet original de Jean-Jacques, qu'il ne peut y avoir là-dessus aucun doute. D'ailleurs l'on sait qu'elle fut soigneusement gardée par M. de Marianne, qui succéda à M. de la Martinière dans le poste qu'il occupait, et l'on comprend qu'elle soit arrivée jusqu'à nous ainsi qu'un grand nombre de lettres de Rousseau qui n'ont été imprimées que bien longtemps après la publication des *Confessions*.

(7) Voyez aussi la troisième *rêverie du promeneur solitaire*.

(8) Grimm remarque avec autant d'esprit que de malice qu'il avait fait part à madame de Warens de son

intention de passer quelque temps à Saint-Andéol. Il lui écrivait en effet de Montpellier, le 23 octobre 1737 : « J'ai oublié de finir, en parlant de Montpellier, et de
» vous dire que j'ai résolu d'en partir vers la fin de dé-
» cembre, et d'aller prendre le lait d'ânesse en Provence,
» dans un petit endroit fort joli, à deux lieues du Saint-
» Esprit. C'est un air excellent; il y aura bonne compa-
» gnie, avec laquelle j'ai déjà fait connaissance en che-
» min, et j'espère de n'y être pas tout à fait si chèrement
» qu'à Montpellier. Je demande votre avis là-dessus. Il
» faut encore ajouter que c'est faire d'une pierre deux
» coups, car je me rapproche de deux journées. »

(9) Celui de Dudding. Grimm fait à ce sujet une remarque piquante ; c'est que madame de Larnage, qui existait encore à l'époque où furent publiés les six premiers livres des *Confessions*, dut éprouver une extrême surprise en apprenant que l'Anglais Dudding n'était rien moins que Jean-Jacques Rousseau.

(10) Les six premiers livres parurent en 1781, et les six derniers, en 1788.

(11) Au récit de Grimm, M. de Montaigu ne passait pour rien moins qu'un homme d'esprit; il n'en trouva pas, dit-il, à son secrétaire, et il s'étonnait encore,

en 1762, de la meilleure foi du monde, de la réputation que Rousseau s'était faite par ses écrits.

(12) Il prétendit même que la supériorité de talent que Rousseau était obligé de reconnaître à quelques-uns de ses amis pouvait lui rendre leur commerce pénible.

(13) Je dois ajouter que Grimm en était alors à ses débuts littéraires : il écrivit dans la suite (en 1777) une lettre aussi charmante que spirituelle sur la querelle des *gluckistes* et des *piccinistes*.

(14) Je ne m'explique pas comment cette lettre a pu être placée dans la correspondance de Rousseau : c'est un écrit de premier ordre qui doit figurer dans ses œuvres entre son second discours et sa lettre à d'Alembert.

(15) Voltaire, en frappant l'intolérance, s'exprime ainsi sur l'espérance d'une autre vie : « La plupart des
» hommes ont eu cette espérance, avant même qu'ils
» eussent le secours de la révélation. L'espoir d'être
» après la mort est fondé sur l'amour de l'être pendant
» la vie; il est fondé sur la probabilité que ce qui pense
» pensera. On n'en a point de démonstration, parce
» qu'une chose démontrée est une chose dont le contraire
» est une contradiction, et parce qu'il n'y a jamais eu de

» disputes sur les vérités démontrées. Lucrèce, pour dé-
» truire cette espérance, apporte dans son troisième livre
» des arguments dont la force afflige ; mais il n'oppose
» que des vraisemblances à des vraisemblances encore
» plus fortes. Plusieurs Romains pensaient comme Lu-
» crèce, et on chantait au théâtre de Rome : *Post mortem
» nihil est,* il n'est rien après la mort. Mais l'instinct, la
» raison, le besoin d'être consolé, le bien de la société
» prévalurent, et les hommes ont toujours eu l'espé-
» rance d'une vie à venir ; espérance, à la vérité, souvent
» accompagnée de doute. »

(*Poëme sur le Désastre de Lisbonne.* — Notes.)

(16) Le joli roman de *Candide*, tout spirituel d'ailleurs, ne peut être en effet considéré comme une réponse à la lettre de Rousseau.

(17) Personne, du reste, ne poussa plus loin que Rousseau lui-même cette faiblesse que l'on appelle amour-propre d'auteur. Dans un voyage qu'il fit à Grenoble, après son retour d'Angleterre, il visita le président du parlement, qui le reçut bien et même avec apparat. C'était d'ailleurs un vieux magistrat peu enthousiaste de la philosophie du dix-huitième siècle, ou du moins qui ne s'en souciait guère ; après les compliments d'usage et un accueil plein de bienveillance, il dit à Rousseau qu'il

ne lui parlerait point de ses écrits, pour la raison qu'il ne les avait jamais lus. A ces mots, Jean-Jacques se trouble, quitte le salon, revient chez son hôte et lui annonce son départ, disant qu'il ne resterait pas vingt-quatre heures de plus dans une ville où il avait subi un pareil affront.

(18) Dans les *Mémoires de madame d'Épinay*, il est question d'une lettre anonyme qui aurait été adressée à Saint-Lambert et qu'on suppose avoir été écrite par Thérèse Levasseur. Toutefois, il n'est pas probable qu'une pareille idée fût venue à l'esprit de Thérèse, si elle ne lui avait été suggérée. On a prétendu ailleurs que ladite lettre anonyme avait été adressée à Saint-Lambert par Rousseau lui-même, supposition qui ne mérite pas plus de réfutation que les diverses absurdités produites dans la *Biographie universelle* sur l'auteur d'*Émile*.

(19) « Non, dit-il, l'on ne met point au feu de pa-
» reilles lettres. On a trouvé brûlantes celles de la *Julie*.
» Eh Dieu ! qu'aurait-on dit de celles-là ? Non, non,
» jamais celle qui peut inspirer une pareille passion n'aura
» le courage d'en brûler les preuves.... » « Si ces let-
» tres sont encore en être, et qu'un jour elles soient
» vues, on connaîtra comment j'ai aimé. »

(20) Depuis que ce passage a été écrit, j'ai trouvé un document qui le confirme; c'est une lettre du fils de madame d'Épinay, dont voici un extrait : « La lettre que
» madame d'Épinay écrivit à Rousseau depuis Genève,
» en date du 1er décembre 1757, est très-remarquable.
» Il est clair qu'on avait desservi Jean-Jacques auprès
» d'elle, et même qu'on l'avait calomnié. Qui lui avait
» rendu ce mauvais service? Cela n'est pas difficile à
» deviner. Le congé si imprévu et si positivement pro-
» noncé qui termine ce billet ne serait jamais venu à
» l'idée de madame d'Épinay, si on ne le lui avait sug-
» géré. Malgré les torts réels ou apparents de Rousseau,
» l'humanité lui aurait fait rejeter bien loin l'idée de
» mettre à la porte, à l'entrée de l'hiver, un homme ma-
» lade, un homme qu'elle avait affectionné, qu'elle affec-
» tionnait même encore en secret. Mais elle était obsé-
» dée, circonvenue, peut-être un peu faible; et elle n'aura
» pas osé montrer du caractère en cette occasion. Notre
» philosophe a succombé sous l'animosité de gens aux-
» quels il n'avait jamais fait de mal. Madame d'Épinay,
» par tout ce que j'ai vu et entendu depuis le mois de
» décembre 1757, s'est bien repentie de son aveuglement,
» de sa trop grande confiance en Grimm; mais il était
» trop tard : ainsi il paraît constant que la cause de la
» rupture de Rousseau avec madame d'Épinay vient
» uniquement de Grimm. En donner la raison ne m'est

» pas possible. Tout ce que je puis dire à cet égard
» et affirmer, c'est que depuis cette époque j'ai été
» témoin bien souvent de vifs reproches que madame
» d'Épinay a faits à Grimm, lorsqu'il a été la rejoindre
» à Genève, sur les procédés durs qu'il avait eus pour
» le pauvre Jean-Jacques, qui ne les avait pas mé-
» rités. »

Quant à Grimm, voici comment il s'exprime sur les relations de madame d'Épinay avec Rousseau : « Ce
» fut dans les jours brillants de sa jeunesse et de sa
» fortune que commencèrent ses liaisons avec Jean-
» Jacques Rousseau. Il en fut très-amoureux, comme il
» n'a jamais manqué de l'être de toutes les femmes qui
» avaient bien voulu l'admettre dans leur société. Elle le
» combla de bienfaits, non-seulement avec toute la déli-
» catesse de l'amitié la plus tendre, mais encore avec
» cette recherche particulière de soins et d'attentions que
» semblait exiger la sauvagerie très-originale du philo-
» sophe. Il en parut d'abord profondément touché ; mais
» peu de temps après, se croyant en droit d'être jaloux
» de son ami M. de Grimm, il paya sa bienfaitrice de
» la plus noire ingratitude, et l'homme qu'il se crut pré-
» féré ne fut plus à ses yeux que le plus injuste et le
» plus perfide des hommes. C'est avec les traits d'une
» aussi odieuse calomnie que, osant les peindre l'un et
» l'autre dans ses *Confessions*, il n'a pas craint de laisser

» sur sa tombe le monument atroce d'une haine incon-
» cevable, ou plutôt celui de la plus cruelle et de la plus
» sombre de toutes les folies. »

(21) Il s'agit de mademoiselle Gaussin.

(22) Dans une lettre qu'il écrivit à Duchesne, le 16 novembre 1761, il exprime la crainte que son manuscrit n'ait été communiqué aux jésuites. Dans une autre lettre, du 20 du même mois, il s'excuse du soupçon qu'il avait manifesté.

(23) Il le rappelle dans sa lettre à Duchesne, du 2 mai 1762 : « Je suis fâché, dit-il, de ce que vous
» m'apprenez que les deux premiers volumes (de l'*Émile*)
» doivent paraître séparément ; j'en sens la conséquence
» pour les deux autres, mais qu'y puis-je faire ? il ne
» fallait pas imprimer en France ; plût à Dieu que j'en
» eusse été cru. »

(24) Lettre de Rousseau à Duchesne, du 30 octobre 1761.

(25) Ce passage est encore un exemple désolant de l'état d'inquiétudes mortelles et de funestes soupçons où il était plongé lorsqu'il l'écrivit.

(26) Il se l'exagère lui-même dans sa lettre à M. de Beaumont, et il attribue à des inimitiés personnelles la situation qu'on lui a faite.

(27) En admettant que cette force résulte soit de l'électricité, soit du magnétisme, soit de toute autre cause physique, la théorie du vicaire savoyard ne subit aucune atteinte, car il faut toujours remonter à une volonté suprême *intelligente*, qui ne peut résider dans la matière. D'ailleurs le second dogme, tel qu'il est développé par Rousseau, résout de lui-même l'objection.

(28) La civilisation est le but de l'humanité; le mal ne vient point d'elle, mais de l'abus que fait l'homme de la liberté : cet abus peut exister dans l'état primitif des sociétés humaines.

(29) On pourrait également admettre que l'âme, s'épurant en retournant vers Dieu, et se trouvant ainsi dégagée des passions humaines, entre dans une ère nouvelle qui n'a plus rien de commun avec celle de ce monde.

(30) Le pays de Vaud était alors sous la dépendance de Berne.

(31) A propos de M. de Voltaire et de Jean-Jacques Rousseau, raconte Grimm, il faut conserver ici une anec-

dote qu'un témoin oculaire nous conta l'autre jour. Il s'était trouvé présent à Ferney le jour où M. de Voltaire reçut les *Lettres de la Montagne* et qu'il y lut l'apostrophe qui le regarde ; et voilà son regard qui s'enflamme, ses yeux qui étincellent de fureur, tout son corps qui frémit, et lui qui s'écrie avec une voix terrible : Ah ! le scélérat ! ah ! le monstre ! il faut que je le fasse assommer dans ses montagnes entre les genoux de sa gouvernante... —Calmez-vous, lui dit notre homme, je sais que Rousseau se propose de vous faire une visite, et qu'il viendra dans peu à Ferney.... — Ah ! qu'il vienne, répond M. de Voltaire. — Mais comment le recevrez-vous ?... — Comment je le recevrai ?... Je lui donnerai à souper, je le mettrai dans mon lit, je lui dirai : Voilà un bon souper, le lit le meilleur de la maison ; faites-moi le plaisir d'accepter l'un et l'autre, et d'être heureux chez moi.

Ce trait, ajoute Grimm, m'a fait un sensible plaisir. Il peint M. de Voltaire mieux qu'il ne l'a jamais été ; il fait en deux lignes l'histoire de sa vie.

(32) Cette terrasse est située du côté du nord-ouest, c'est-à-dire en regard des montagnes du Jura.

(33) Rousseau a pensé que le gouvernement français n'était point étranger aux ennuis dont on l'abreuvait, et il pourrait bien avoir deviné juste ; car si l'influence de

la France était nulle en Prusse et en Angleterre, il n'en était pas de même en Suisse. D'ailleurs, cette présomption se trouve confirmée par une déclaration des plénipotentiaires de France, de Berne et de Zurich, en date du 25 juillet 1765.

(34) Il traversa la France pour gagner la Grande-Bretagne, et, à son passage à Paris, il fut accueilli par le prince de Conti et reçut plusieurs visites ; mais, s'étant montré plusieurs fois à la promenade, il dut quitter Paris sous peine d'être arrêté. Il partit pour Londres le 4 janvier 1766.

(35) Maison de campagne du marquis de Mirabeau.

(36) Ce fut à cette époque qu'il épousa Thérèse Le Vasseur.

(37) En juin ou juillet 1770.

(38) Voici ce que nous apprend M. Eymard sur l'habitation de Rousseau : « Maintenant je dois revenir à
» l'appartement de Rousseau, et rendre compte à mon
» lecteur des divers objets dont mon attention y fut frap-
» pée. Je n'aurai pas de peine à lui persuader que le ton
» d'aisance et de liberté sur lequel je m'étais monté n'é-

» tait qu'apparent : je m'efforçais de déguiser le trouble
» de mon âme, et mon embarras n'aurait échappé à au-
» cun observateur. Ce trouble faillit un instant me trahir
» lorsque je vins à songer que là, dans ce même appar-
» tement, je me trouvais tête à tête avec le premier génie
» du siècle; je pouvais contempler, librement et de mes
» propres yeux, l'immortel auteur de la *Julie*, de l'*Émile*,
» et de tant d'ouvrages dont la lecture m'avait si souvent
» transporté; et, maintenant encore, quand je me rap-
» pelle cet état d'agitation intérieure, j'ai peine à conce-
» voir que j'aie pu soutenir pendant un quart d'heure
» l'obligation d'avoir tout ensemble à parler, à répondre,
» à écouter, et à repaître mes regards de tant d'objets
» pour moi si nouveaux et si intéressants. Le premier
» dont je m'occupai fut la personne du philosophe. Je le
» trouvai dans son négligé, vêtu d'une manière simple,
» mais propre. Il portait une robe de chambre d'indienne
» bleue et un bonnet de coton. Sa physionomie me parut
» ressembler très-peu à celle que lui donnaient alors ses
» portraits. Quelle différence pour l'expression et pour le
» feu des regards! j'en fus ébloui au premier coup d'œil
» qu'il lança sur moi. Sa voix était ferme et sonore; mais
» à peine eut-il ouvert la bouche que je reconnus l'ac-
» cent genevois. Du reste il ne cessa de s'énoncer avec
» moi dans les termes de la plus grande politesse. Voilà
» pour la personne; je passe à la demeure, dont on m'a-

» vait fait un tableau de désordre, de mesquinerie, et
» même de lésine, tout à fait contraire à la vérité.

» L'appartement était composé de deux pièces dont
» l'une, un peu obscure et donnant sur l'escalier, servait
» de cuisine en été et de dépense ou de décharge en
» hiver. Dans l'autre, ayant deux fenêtres donnant sur la
» rue Plâtrière, étaient placés deux lits jumeaux, séparés
» l'un de l'autre par la porte et garnis d'une courte-
» pointe de cotonnade bleue à flammes, étoffe qui meu-
» blait aussi toute la chambre. A côté de la cheminée je
» vis une table couverte d'un tapis vert, et sur laquelle,
» indépendamment des feuilles de musique dont j'ai parlé,
» j'aperçus ouvert un petit carnet ou livret, chargé de
» notes à la main et d'une écriture très-menue.

» C'est sur cette table que Rousseau travaillait, occupé
» de temps en temps à écumer un pot bouillant auprès
» de son feu; je lui vis prendre deux fois ce soin du-
» rant ma courte visite. Sa chambre ne ressemblait en
» aucune manière à celle d'un homme de lettres : point
» de livres, si ce n'est sur une commode de bois de
» noyer placée entre les deux croisées, quelques in-folio
» d'un format très-plat, que je crus être des recueils de
» musique ou des atlas; tous les autres livres et papiers
» étaient renfermés dans une grande armoire du même
» bois que la commode. Auprès d'un miroir carré pen-
» daient à la cheminée plusieurs médaillons en plâtre,

» représentant la figure du philosophe ; et tout autour du
» cadre on voyait une foule de billets ou de cartes im-
» primées, qui paraissaient avoir été mises là depuis long-
» temps. Au-dessus de la commode, je jetai les yeux sur
» deux belles estampes simplement encadrées ; l'une était
» le Paralytique servi par ses enfants, et l'autre un homme
» d'État assis, probablement M. de Saint-Florentin : les
» épreuves de ces gravures me parurent du plus grand
» prix.

» Après cette exacte description de la maison, ainsi
» que du maître, serais-je excusable, voulant dire tout,
» de garder le silence sur la maîtresse ? Madame Rous-
» seau, quand je la vis, était bien loin de ressembler au
» portrait hideux qu'un poëte célèbre a fait d'elle dans
» une de ses satires. Je ne la trouvai ni belle, ni jeune,
» bien s'en faut ; mais je la trouvai honnête, polie, vêtue
» proprement dans sa simplicité, et ayant toute l'allure
» d'une bonne ménagère. Elle travaillait auprès d'une fe-
» nêtre et prenait rarement la parole. J'observai, toute-
» fois, qu'en s'adressant à Rousseau ou en parlant de
» lui, elle affectait toujours de le nommer son mari ;
» soit qu'elle voulût prévenir de ma part une méprise,
» soit que, fière d'un rang qui cadrait mal avec son
» modeste extérieur, elle n'eût eu rien de plus pressé aux
» yeux d'un étranger que de s'en parer. »

Le prince de Ligne nous a laissé aussi sur une visite

qu'il fit à Rousseau la relation suivante, qui a été publiée dans plusieurs éditions des œuvres de Jean-Jacques; mais qui me semble si intéressante, que je ne puis résister à la rappeler ici : « Je ne me souviens pas trop de ce qui
» se passa entre Rousseau et moi. En voici une partie
» que je me rappelle. A peine était-il venu, après ses
» malheurs vrais, et quelquefois imaginaires, chercher la
» liberté dans le pays qu'on appelait si mal à propos du
» despotisme; à peine avait-il quitté ceux qu'on appelle
» si mal à propos de la liberté, que j'allai le relancer
» dans son grenier, rue Plâtrière. Je ne savais pas en-
» core, en montant l'escalier, comment je m'y prendrais;
» mais accoutumé à me laisser aller à mon instinct, qui
» m'a toujours mieux servi que la réflexion, j'entrai, et
» parus me tromper. Qu'est-ce que c'est? me dit Jean-
» Jacques. Je lui dis : Monsieur, pardonnez, je cherchais
» M. Rousseau de Toulouse. — Je ne suis, me dit-il, que
» Rousseau de Genève. — Ah! oui, lui dis-je, ce grand
» herboriseur; je le vois bien : ah! mon Dieu! que
» d'herbes et de gros livres! ils valent mieux que ceux
» qu'on écrit. Rousseau sourit presque, et me fit voir
» peut-être sa chère *pervenche,* que je n'ai pas l'honneur
» de connaître, et tout ce qu'il y avait entre chaque
» feuillet de ses in-folio. Je fis semblant d'admirer ce
» recueil très-peu intéressant, et le plus commun. Il con-
» tinuait son travail important, sur lequel il avait le nez

» et les lunettes, sans me regarder. Je lui demandai par-
» don de mon étourderie, et la demeure de M. Rousseau
» de Toulouse; et, de peur qu'il me l'apprît, je lui dis :
» Est-il vrai que vous soyez si habile pour copier la mu-
» sique comme on le dit? Il alla me chercher des petits
» livres, en long, et me dit : Voyez comme cela est pro-
» pre; et il se mit à me parler de la difficulté de ce tra-
» vail, et de son talent, précisément comme Sganarelle
» de celui de faire des fagots. Le respect que m'inspirait
» un homme comme celui-là, qui m'avait fait sentir une
» sorte de tremblement en ouvrant sa porte, m'empêcha
» de me livrer davantage à une conversation qui aurait
» eu l'air d'une mystification, si elle avait duré plus long-
» temps. Je n'en voulais que ce qu'il me fallait pour une
» espèce de passe-port ou billet d'entrée, et je lui dis
» que je croyais pourtant qu'il n'avait pris ces deux genres
» d'opération servile que pour éteindre le feu de sa brû-
» lante imagination. Hélas! me dit-il, les autres occupa-
» tions que je me donnais pour m'instruire et instruire
» les autres, ne me font que trop de mal; et alors, sans
» vouloir jouer la pièce de l'*Homme singulier*, comédie
» que je trouvais indigne de nous deux, je lui dis la seule
» chose sur laquelle je suis de son avis dans tous ses
» ouvrages, que je croyais comme lui au danger des
» sciences, et surtout des lettres. Il quitta dans l'instant
» ses *ré mi fa sol*, sa *pervenche*, et ses lunettes, entra

» dans des détails supérieurs peut-être à ce qu'il en avait
» écrit, définit et en parcourut toutes les nuances avec
» une justesse que son génie lui présentait, et que son
» esprit diminuait ou dénaturait quelquefois en méditant
» et écrivant ensuite. Il s'écria plusieurs fois : Les hom-
» mes ! les hommes ! J'avais assez bien pris pour oser déjà
» le contredire ; je lui dis : Ceux qui s'en plaignent sont
» des hommes aussi, et peuvent se tromper sur le compte
» des autres hommes. Cela lui fit faire un moment de
» réflexion. Je lui dis que j'étais bien de son avis encore
» sur la manière d'accorder et de recevoir des bienfaits,
» et sur le poids de la reconnaissance vis-à-vis des gens
» qu'on n'a pas envie d'aimer ou d'estimer. Cela parut
» lui faire plaisir. Je me rabattis ensuite sur l'autre ex-
» trémité à craindre, la peur de l'ingratitude. Il partit
» comme un trait, me fit les plus beaux manifestes du
» monde, avec quelques petites maximes sophistiques,
» que je m'attirai en lui disant : Si cependant M. Hume
» a été de bonne foi.... Il me demanda si je le connais-
» sais. Je lui dis que j'avais eu une conversation très-vive
» avec lui à son sujet ; et que la crainte d'être injuste
» m'arrêtait presque toujours dans mes jugements.

» Sa vilaine femme, ou servante, nous interrompait
» quelquefois par des questions saugrenues qu'elle fai-
» sait sur son linge ou sur sa soupe. Il lui répondait avec
» douceur, et aurait ennobli un morceau de fromage,

» s'il avait eu à le prononcer. Je ne m'aperçus pas qu'il
» se méfiât de moi le moins du monde. A la vérité je
» l'avais tenu bien en haleine depuis que j'entrai chez
» lui, pour ne pas lui donner le temps de la réflexion sur
» ma visite. J'y mis fin, malgré moi, et après un silence
» de vénération, en regardant encore entre les deux yeux
» l'auteur de la *Nouvelle Héloïse*, je quittai le galetas,
» séjour des rats, mais sanctuaire de la vertu et du génie.
» Il se leva, me reconduisit avec une sorte d'intérêt, et
» ne me demanda pas mon nom.

» Il ne l'aurait jamais su, car il ne pouvait y avoir que
» celui de Tacite, de Salluste, ou de Pline, qui eût pu
» l'intéresser; mais dans la société intime de M. le prince
» de Conti, dont j'étais avec l'archevêque de Toulouse,
» le président d'Aligre, et autres prélats et parlemen-
» taires, j'appris que ces deux classes de gens corrompus
» voulaient inquiéter l'homme qui l'était le moins. J'écri-
» vis à Jean-Jacques la lettre qu'il donna à lire ou à
» copier assez mal à propos, et qui se trouva enfin, je
» ne sais comment, imprimée dans toutes les gazettes.
» On peut la voir dans l'édition des ouvrages de Rous-
» seau, et dans son *Dialogue* avec lui-même, qui est aussi
» dans ses œuvres; il a la bonté de croire, à sa façon
» ordinaire, que les offres d'asile que je lui faisais étaient
» un piége où ses ennemis m'avaient engagé à l'attirer,
» tant ce point de folie avait attaqué le cerveau de ce

» malheureux grand homme ravissant et impatientant !
» Sans doute son premier mouvement était bon, car le
» lendemain de ma lettre, où il reconnut l'élan de l'en-
» thousiasme et de la sensibilité, il vint me témoigner la
» sienne. On m'annonce M. Rousseau : je n'en crois pas
» mes oreilles ; il ouvre ma porte, je n'en croyais pas
» mes yeux. Louis XIV n'éprouva pas un sentiment pa-
» reil de vanité en recevant l'ambassade de Siam. Ce
» fut alors que je fus bien convaincu du mensonge qu'il
» fait dans ses *Confessions :* la description de ses mal-
» heurs, le portrait de ses prétendus ennemis, la conju-
» ration de toute l'Europe contre lui m'auraient fait de
» la peine, s'il n'y avait mis tout le chorus de son élo-
» quence. Je tâchai de le tirer de là pour le jeter à la
» prairie et au potager. Je lui demandai comment, lui
» qui aimait la campagne, était allé se loger au milieu de
» Paris. Il me fit alors ces charmants paradoxes sur l'a-
» vantage qu'on a à écrire sur sa liberté, lorsqu'on est
» enfermé, et sur le printemps, lorsqu'il neige. Je le
» menai en Suisse, et je lui prouvai, sans en avoir l'air,
» que je savais Julie et Saint-Preux par cœur : il en parut
» étonné et flatté. Ce n'était point en manière de cita-
» tion ; mais si je lui disais, par exemple : Il me semble
» voir la Meillerie transformée en rocher de Leucade ; la
» roche escarpée, l'eau profonde, etc. ; de même, en
» parlant des vendanges et des moissons, je me servais

» des mêmes termes que lui. Il s'aperçut bien que la
» *Nouvelle Héloïse* était le seul de ses ouvrages qui me
» convînt, et que, quand même je pourrais être profond,
» je ne me donnerais pas la peine de l'être. Je n'ai jamais
» eu tant d'esprit (et ce fut, je crois, la première et la
» dernière fois de ma vie) que les huit heures que je
» passai avec Jean-Jacques dans mes deux conversations.
» Quand il me dit définitivement qu'il voulait attendre
» dans Paris tous les décrets de prise de corps dont le
» clergé et le parlement le menaçaient, je lui dis quel-
» ques vérités un peu sévères sur la manière d'entendre
» la célébrité. Je me souviens que je lui dis : M. Rous-
» seau, plus vous vous cachez, et plus vous êtes en évi-
» dence; plus vous êtes sauvage, et plus vous devenez
» un homme public que l'Europe déterrera, même dans
» les entrailles de la terre.

» Ses yeux étaient comme deux astres; le génie pas-
» sait ses ramifications dans ses regards, et m'électrisait.
» Je me rappelle que je finis par lui dire, les larmes aux
» yeux, deux ou trois fois : Soyez heureux, monsieur,
» soyez heureux ! Si vous ne voulez pas habiter le temple
» que je ferai bâtir à la Vertu dans cette petite terre que
» j'ai en Empire, si l'on vous laisse en repos en France,
» vendez vos ouvrages, et achetez une jolie petite maison de
» campagne près de Paris, ou bâtissez-vous-en une dans
» quelque île de la Seine; entr'ouvrez votre port à quel-

» ques-uns de vos admirateurs, bientôt on ne parlera
» plus de vous.

» Je crois que ce n'était pas là son compte; car il ne
» serait pas même demeuré à Ermenonville, si la mort
» ne l'y avait pas surpris. Enfin, pénétré de l'effet qu'il
» voyait bien qu'il produisait sur moi, en enthousiasme
» et en sensibilité, il me témoigna plus d'intérêt et de
» reconnaissance qu'il n'y était accoutumé à l'égard de
» qui que ce soit; et il me laissa, en me quittant, le
» même vide qu'on sent à son réveil après avoir fait un
» beau rêve. »

(39) M. J. H. de Magellan, de Londres, visita Rousseau à Ermenonville, le 21 juin 1778; et voici quelques passages de sa relation :

« Nous arrivâmes au château un peu avant dîner, et y
» trouvâmes de la compagnie, qui était venue voir M. de
» Girardin et sa famille. Après dîner, Rousseau vint nous
» trouver au moment où l'on se disposait à aller à la
» promenade et lorsqu'on était déjà sur le pont du fossé
» qui environne le château. Il n'avait rien dans la phy-
» sionomie qui l'annonçât, si ce n'est la vivacité de ses
» yeux. Son air simple et modeste, sans afficher aucune
» prétention ni laisser échapper aucun signe de l'éléva-
» tion de son esprit, ne l'aurait jamais fait prendre pour
» ce qu'il était. Je me rappelai alors quelques passages

» de ses œuvres, où l'âme paraît sortir de sa sphère et
» sentir les émotions les plus énergiques d'une vertu à
» toute épreuve et sublime, ou bien être absorbé dans la
» contemplation des vérités les plus abstraites, qu'il vou-
» lait dévoiler et mettre à la portée de tout le monde.
» Mais mon imagination se plaisait à faire illusion à mes
» yeux, et allait me faire douter si l'homme que je voyais
» devant moi était cet écrivain séduisant, ce peintre ad-
» mirable des sentiments les plus délicats du cœur hu-
» main.... Peu à peu, et comme sans dessein, j'entrai
» en conversation avec lui; et je fus on ne peut plus
» enchanté de le voir dans un état paisible et tout à fait
» à son aise. La tranquillité de son âme et le contente-
» ment de son cœur se produisaient sur son visage et
» dans ses discours. Il entrait sans difficulté dans les
» sujets et propos les plus indifférents de la conversation,
» lorsqu'on s'adressait à lui ou que son tour venait pour
» la soutenir; c'était la simplicité même; il s'exprimait
» avec une naïveté charmante, qui annonçait parfaite-
» ment la candeur de son âme. Je fus charmé d'observer
» que les enfants mêmes de M. de Girardin secondaient
» son penchant pour la botanique en lui apportant les
» plantes les moins communes qu'ils rencontraient dans
» la promenade. Il s'entretenait avec eux en leur mar-
» quant les caractères de la classification botanique, et
» leur montrant les différences spécifiques. Il y avait ce-

» pendant de temps en temps des expressions entre les
» autres, quoique très-rarement, qui décelaient un *Rous-*
» *seau;* — c'était un laconisme énergique et plein de
» sentiment. Il m'échappa de dire, je ne me rappelle
» point à quel propos, que les hommes étaient méchants.
» Les hommes, oui, répliqua Rousseau; mais l'homme
» est bon.

» En rentrant vers le soir au château, M. de Girardin
» nous régala d'un concert, auquel Rousseau prit quelque
» part : je me souviens en particulier qu'il accompagna
» du piano-forte la romance du *Saule,* qui se trouve dans
» Othello et qu'il avait mise en musique tout récemment.
» J'obtins avec sa permission une copie de cette petite
» pièce : elle est dans le vrai goût simple et pathétique
» de son auteur. C'est apparemment la dernière de ses
» compositions. J'en ai donné des copies à plusieurs de
» mes amis en passant à Bruxelles et à mon retour en
» Angleterre.

» Le jour suivant, Rousseau accepta l'offre de dîner
» chez M. de Girardin. Il vint à l'heure ordinaire ; et
» après le dîner il fut aussi de la partie de promenade;
» et le reste de la journée se passa agréablement comme
» la précédente. Si je n'avais eu à consulter que mon
» goût, j'aurais cédé aux offres obligeantes de M. de
» Girardin pour rester là quelques jours de plus; mais
» j'étais pressé de retourner à Londres. Ainsi je fus

» obligé de quitter cette société charmante, où l'on n'a-
» vait eu pour moi que des bontés, et où j'avais vu les
» vertus de l'hospitalité, de la générosité et de la ten-
» dresse exercées envers cet homme extraordinaire, si
» longtemps l'objet de l'envie et le jouet de la fortune. »

(40) Voyez la fin du livre II des *Confessions*.

(41) En 1791, il fut transféré au Panthéon.

(42) C'est au confluent des deux cours d'eau qui viennent l'un du fond de la vallée de Lauterbrunn et l'autre des glaciers de Grindelwald, que l'on aperçoit le pic du Wetterhorn.

(43) Le comte S*** voulut nous conduire jusqu'à Neuenek, à mi-chemin de Fribourg, avec ses collègues MM. de G*** et d'H***. Là, un repas champêtre nous attendait, et nous y passâmes quelques heures de joie et de cordial abandon, comme l'on n'en éprouve que dans ce pays-là.

(44) L'un des pics principaux du Mont-Blanc.

(45) La même idée m'est revenue en contemplant un délicieux tableau d'Ingres, Vénus sortant de la mer.

Quelle pureté! quelle suave harmonie! Cela ravit à la fois le cœur et les sens.

(46) Ce village appartient aujourd'hui à Genève : ce fut là, on se le rappelle, que Rousseau reçut un si bon accueil de M. de Pontverre. Le culte catholique y a été conservé.

(47) Voici ces vers :

> Réduit par Jean-Jacque habité,
> Tu me rappelles son génie,
> Sa solitude, sa fierté,
> Et ses malheurs, et sa folie.
> A la Gloire, à la Vérité,
> Il osa consacrer sa vie,
> Et fut toujours persécuté
> Ou par lui-même, ou par l'envie.

TABLE.

Avant-propos.		1
Chapitre	I. Considérations générales.	3
—	II. Jeunesse de Rousseau.	9
—	III. Jeunesse de Rousseau (*suite*).	17
—	IV. Jeunesse de Rousseau (*suite*).	25
—	V. Jeunesse de Rousseau (*suite*).	34
—	VI. Jeunesse de Rousseau (*suite*).	42
—	VII. Les Charmettes.	50
—	VIII. Dissertation sur la musique moderne.	60
—	IX. Séjour à Venise. — Retour à Paris.	72
—	X. Débuts philosophiques.	82
—	XI. L'Ermitage.	93
—	XII. Lettre à d'Alembert.	104
—	XIII. Montmorency.	113
—	XIV. Départ.	121
—	XV. Profession de foi du vicaire savoyard.	128
—	XVI. Exil.	147
—	XVII. Les rêveries du promeneur solitaire.	153
—	XVIII. Les rêveries du promeneur solitaire (*suite*).	164
—	XIX. Les rêveries du promeneur solitaire (*suite*).	171
—	XX. Pèlerinage aux Charmettes.	176
Notes.		193

www.ingramcontent.com/pod-product-compliance
Lightning Source LLC
Chambersburg PA
CBHW051918160426
43198CB00012B/1942